W0316675

Curiosités et Fantaisies de la France

- Réponse à tout
- Petit guide gastronomique

Sélection du Reader's Digest

PARIS • BRUXELLES • MONTRÉAL • ZURICH

CURIOSITÉS ET FANTAISIES DE LA FRANCE
est une réalisation de Sélection du Reader's Digest

Nous remercions tous ceux qui ont contribué à la préparation
et à la réalisation de cet ouvrage.

Petit guide gastronomique : Blandine VIÉ MARCADÉ
Guide pratique de l'avocat : maître Nicolas FONDANÈCHE
Illustrations : William FRASCINI (couverture), Amélie VEAUX
Cartographie : Editerra

SÉLECTION DU READER'S DIGEST
Responsable du projet : José-Antoine CILLEROS
Responsable de la maquette : Dominique THOMAS
Lecture-correction : Emmanuelle DUNOYER
Fabrication : Estelle PEREZ

PREMIÈRE ÉDITION

ISBN : 2-7098-0805-6

Réponse à tout

La France politique

Profil d'une histoire
Les souverains et leurs épouses
Les chefs d'État
Chronologie des 17 Constitutions

À chacun selon sa devise

Comment se nomment les habitants de... ?

Petit aide-mémoire départemental

En toute franchise

Conseils de la Sécurité routière

Les régions et leurs capitales

Les départements et leurs préfectures

Signes distinctifs des automobiles

Guide pratique de l'avocat

La France politique

Profil d'une histoire

De toutes les nations que nous connaissons aujourd'hui, la France est sans doute l'une des plus anciennes. Issue au premier chef de la volonté de ses rois, elle a peu à peu trouvé le chemin de son unité et défini un destin commun pour les peuples qui la formaient.

Héritière du royaume des Francs, issue du démembrement de l'empire de Charlemagne, la Francie devient autonome. Le territoire directement régi par Hugues Capet à partir de 987, et par ses premiers successeurs à la fin du XIe siècle, était bien mince, mais Philippe Auguste, de 1180 à 1223, en quintupla l'étendue. C'est lui qui fixa la capitale du royaume à Paris et, en réduisant l'hérésie albigeoise, mit dans la mouvance française le comté de Toulouse.

Saint Louis donna à la monarchie française tout son prestige européen. Le premier Valois, Phillipe VI, héritait en 1328 d'un trône déjà puissant. Mais, d'emblée, il lui fallut faire face aux entreprises des Anglais. L'identité française se forgea aussi par l'affrontement avec le royaume d'Angleterre, au cours de la guerre de Cent Ans : de la geste du chevalier du Guesclin au conflit entre les Armagnacs et les Bourguignons, de l'assassinat de Louis d'Orléans au magnifique sursaut national provoqué par Jeanne d'Arc, heurs et malheurs se succédèrent. En 1435, les Anglais ne gardaient plus dans le pays que le port de Calais ; en 1477, Louis XI acquérait la Bourgogne, la Picardie, le Bourbonnais et l'Artois ; bientôt la Provence était annexée (1481) et la Bretagne entrait sous l'autorité royale. À la fin du XVe siècle, le royaume de France était l'un des plus prospères du monde. Il allait aussi, à partir de François Ier, devenir le foyer le plus brillant de la civilisation européenne. Son rayonnement politique et économique commence à s'affirmer outre-mer : en 1534, Jacques Cartier est sur le Saint-Laurent, au Canada. En 1539, l'ordonnance de Villers-Cotterêts substitue le français au latin dans les actes juridiques, fondant définitivement la légitimité de la langue nationale.

Mais voici que les guerres de Religion viennent briser cette expansion ; l'ardente rivalité entre les catholiques et les protestants tourne à l'affrontement brutal, et c'est un royaume épuisé que reçoit en 1589 Henri de Bourbon, roi de Navarre, devenu Henri IV de France. Il va ramener la paix civile et restaurer les forces vives du pays avant de mourir assassiné en 1610. Le pouvoir royal sort grandi de l'épreuve. Il s'impose à la noblesse et assure l'ordre civil, qui va permettre au monde des villes de développer une activité commerciale de plus en plus importante.

Le XVIIe siècle voit s'affirmer l'absolutisme royal, qui met au pas les grands, efface les principales traces de la féodalité et instaure une autorité centrale rigoureuse, étape décisive franchie grâce à Richelieu, ministre de Louis XIII, dont l'œuvre est reprise par Mazarin. Parallèlement, en 1648, l'empereur d'Allemagne cède au roi de France ses droits sur l'Alsace, et l'Espagne lui abandonne, en 1659, l'Artois et le Roussillon. Lorsqu'en 1661, à vingt-trois ans, Louis XIV décide de gouverner lui-même, toutes les conditions sont réunies pour donner à la France la première place en Europe.

Le règne éclatant du Roi-Soleil s'achève en 1715, laissant de graves problèmes en suspens. Alors que, sous Louis XV et Louis XVI, le rayonnement de la civilisation et de l'art de vivre français atteint à son apogée, le superbe édifice de la monarchie commence à se lézarder, puis vacille sur ses bases : de nombreux Français sont las des privilèges de la noblesse et du pouvoir absolu.

La Révolution française, après avoir mis fin à l'absolutisme et proclamé par la Déclaration des droits de l'homme et du citoyen de 1789 les libertés modernes, conduit en 1792 à un embrasement européen. Lorsque, au terme de dix années de convulsions, Napoléon Bonaparte s'empare du pouvoir, il fait passer de nombreux acquis révolutionnaires dans les lois et dans l'Administration. Sacré empereur en 1804, il soumet l'Europe à son autorité et entre vivant dans la légende. Après avoir atteint la gloire d'Alexandre et de César, il est définitivement vaincu en 1815 et contraint de céder le pouvoir à Louis XVIII.

Charles X perd le pouvoir en 1830. Louis-Philippe met en place une royauté plus libérale : sous la monarchie de Juillet, la France commence à entrer dans l'ère industrielle. Puis ce furent l'explosion révolutionnaire de 1848, qui secoua de proche en proche toute l'Europe, sans réussir à faire triompher l'idéal républicain ; l'installation du Second Empire, qui s'effondra en 1870 en entraînant la perte de l'Alsace-Lorraine ; l'avènement de la IIIe République et de la démocratie parlementaire, enfin, après le sanglant épisode de la Commune de Paris. Une fois sa puissance économique et militaire reconstituée, la France, qui avait fondé un immense empire colonial, fut en mesure de faire face au terrible conflit de 1914-1918. Victorieuse de l'Allemagne, mais affaiblie par rapport aux États-Unis, elle connut cependant une expansion économique importante, stoppée par la crise de 1931.

En 1939, une nouvelle conflagration secoua le monde et la France tomba dès juin 1940 sous les coups de l'armée nazie. Face au gouvernement de Vichy, qui collabore avec l'Allemagne, le général de Gaulle fédère la résistance intérieure et organise les Forces françaises libres. Le pays, libéré mais exsangue, doit ensuite s'atteler à sa reconstruction.

La IVe République, tout en menant cette œuvre à bien, participait à la création du Marché commun et à la construction de l'Europe, mais, secouée par l'instabilité ministérielle, par le conflit indochinois, puis par la guerre d'Algérie, elle s'effondrait en mai 1958.

Revenu au pouvoir, le général de Gaulle fonda la Ve République. Ayant mis fin au drame algérien et achevé la décolonisation, il s'employa à faire jouer à la France un rôle de premier plan sur la scène internationale. Il poursuivit la modernisation du pays et en fit une puissance nucléaire. La crise de mai 1968 conduisit indirectement au départ du général de Gaulle en 1969.

Georges Pompidou reprit les orientations gaullistes. Valéry Giscard d'Estaing, élu en 1974, fit des réformes mais se heurta à la crise économique. Les deux septennats de François Mitterrand (1981-1995), qui mena la décentralisation et confirma l'orientation européenne de la politique française, avec deux cohabitations, montrèrent que les institutions de la Ve République permettaient l'alternance. Jacques Chirac a été élu à la présidence de la République en 1995.

Les principaux souverain

Les Mérovingiens

Clovis (481-511)	*Clotilde*
Childebert (511-558)	*Ultrogotte*
Clotaire (558-561)	*Radegonde*
Chilpéric (561-584)	*Frédégonde*
Dagobert (632-639)	*Nantilde*

Les Carolingiens

Pépin le Bref (751-768)	*Berthe*
Charlemagne (768-814)	*Hildegarde*
Louis le Débonnaire (814-840)	*Judith*
Charles le Chauve (840-877)	*Ermentrude*

Les Capétiens

Hugues Capet (987-996)	*Adélaïde de Guyenne*
Robert le Pieux (996-1031)	*Berthe* *Constance de Provence*
Henri Ier (1031-1060)	*Anne de Russie*
Philippe Ier (1060-1108)	*Berthe de Hollande*
Louis VI le Gros (1108-1137)	*Adélaïde de Savoie*
Louis VII le Jeune (1137-1180)	*Éléonore d'Aquitain* *Constance de Castille* *Alix de Champagne*
Philippe Auguste (1180-1223)	*Isabelle de Hainaut* *Ingar de Danemark* *Agnès de Méranie*
Louis VIII (1223-1226)	*Blanche de Castille*
Louis IX (Saint) (1226-1270)	*Marguerite de Provence*
Philippe III le Hardi (1270-1285)	*Isabelle d'Aragon* *Marie de Brabant*
Philippe IV le Bel (1285-1314)	*Jeanne de Navarre*
Louis X le Hutin (1314-1316)	*Marguerite de Bourgogne* *Clémence de Hongrie*
Philippe V le Long 1316-1322)	*Jeanne de Bourgogn*
Charles IV le Bel (1322-1328)	*Blanche de Bourgogne* *Marie de Luxembour* *Jeanne d'Évreux*

Les Valois

Descendance du deuxième fils de Philippe III le Hardi

Philippe IV de Valois (1328-1350)	*Jeanne de Bourgogne* *Blanche d'Évreux*
Jean le Bon (1350-1364)	*Bonne de Luxembourg* *Jeanne de Boulogne*
Charles V le Sage (1364-1380)	*Jeanne de Bourbon*
Charles VI (1380-1422)	*Isabeau de Bavière*

de France et leurs épouses

Charles VII (1422-1461)	*Marie d'Anjou*
Louis XI (1461-1483)	*Marguerite d'Écosse* *Charlotte de Savoie*
Charles VIII (1483-1498)	*Anne de Bretagne*

Les Valois-Orléans

Descendance du deuxième fils du duc Louis d'Orléans, frère de Charles VI

Louis XII (1498-1515)	*Jeanne de France* *Anne de Bretagne* *Marie d'Angleterre*

Les Valois-Angoulême

Descendance du cinquième fils du duc Louis d'Orléans, frère de Charles VI

François Ier (1483-1498)	*Claude de France* *Éléonore d'Autriche*
Henri II (1547-1559)	*Catherine de Médicis*
François II (1559-1560)	*Marie Stuart*
Charles IX (1560-1574)	*Élisabeth d'Autriche*
Henri III (1574-1589)	*Louise de Lorraine*

Les Bourbons

Descendance du sixième fils de Saint Louis

Henri IV (1589-1610)	*Marguerite de Valois* *Marie de Médicis*
Louis XIII (1610-1643)	*Anne d'Autriche*
Louis XIV (1643-1715)	*Marie-Thérèse d'Autriche*
Louis XV (1715-1774)	*Marie de Pologne*
Louis XVI (1774-1792)	*Marie-Antoinette d'Autriche*
Louis XVII	
Louis XVIII (1814-1824)	*Marie-Joséphine-Louise de Savoie*
Charles X (1824-1830)	*Marie-Thérèse de Savoie*

Les Orléans-Bourbons

Descendance du deuxième fils de Louis XIII

Louis-Philippe Ier (1830-1848)	*Marie-Amélie de Naples*

Les Napoléon

Napoléon Ier (1804-1814)	*Joséphine de Beauharnais* *Marie-Louise d'Autriche*
Napoléon II	
Napoléon III (1852-1870), neveu de Napoléon Ier	*Eugénie de Montijo*

Les chefs d'État

1 LOUIS-NAPOLÉON BONAPARTE
Paris (1808-1873)
1848-1852 IIe République

2 ADOLPHE THIERS
Marseille (1797-1877)
1871-1873 IIIe République

3 PATRICE DE MAC-MAHON
SULLY (1808-1893)
1873-1879 IIIe République

4 JULES GRÉVY
Mont-sous-Vaudrey (1807-1891)
1879-1887 IIIe République

5 SADI CARNOT
Limoges (1837-1894)
1887-1894 IIIe République

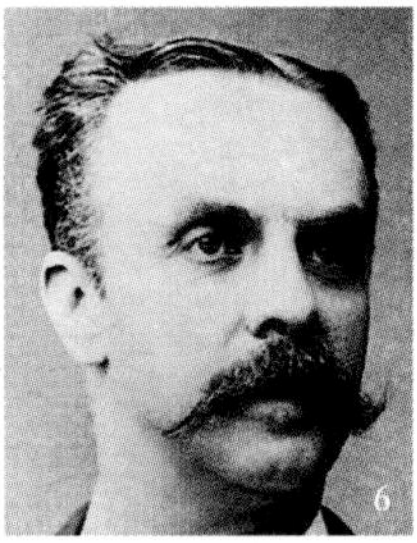

6 JEAN CASIMIR-PERIER
Paris (1847-1907)
1894-1895 IIIe République

7 FÉLIX FAURE
Paris (1841-1899)
1895-1899 IIIe République

8 ÉMILE LOUBET
Marsanne (1838-1929)
1899-1906 IIIe République

9 ARMAND FALLIÈRES
Mézin (1841-1931)
1906-1913 IIIe République

10 RAYMOND POINCARÉ
Bar-le-Duc (1860-1934)
1913-1920 IIIe République

11 PAUL DESCHANEL
Belgique-Schaerbeeck
(1855-1922)
18 février-22 septembre 1920
IIIe République

12 ALEXANDRE MILLERAND
Paris (1859-1943)
1920-1924 IIIe République

13 GASTON DOUMERGUE
Aigues-Vives (1863-1937)
1924-1931 IIIe République

14 PAUL DOUMER
(1857-1932) Aurillac
1931-1932 - IIIe République

15 ALBERT LEBRUN
(1871-1950) Mercy-le-Haut
1932-1940 IIIe République

16 PHILIPPE PÉTAIN
(1856-1951) Cauchy-à-la-Tour
1940-1944 État français

17 CHARLES DE GAULLE
(1890-1970) Lille
1944-1946
Gouvernement provisoire

18 FÉLIX GOUIN
(1884-1977) Peypin
Janvier-juin 1946
Gouvernement provisoire

19 GEORGES BIDAULT
(1899-1983) Moulins
Juin-novembre 1946
Gouvernement provisoire

20 LÉON BLUM
(1872-1950) Paris
Décembre 1946-janvier 1947
Gouvernement provisoire

21 VINCENT AURIOL
(1884-1966) Revel
1947-1954 IVe République

Chronologie des 17 Constitutions

Constitution du 3 septembre 1791 :	monarchie constitutionnelle
Constitution du 24 juin 1793 :	1re République
Constitution du 22 août 1795 : *(5 fructidor an III)*	1re République - Directoire
Constitution du 15 décembre 1799 : *(22 frimaire an VIII)*	1re République - Consulat
Constitution des 2 et 4 août 1802 : *(14 et 16 thermidor an X)*	1re République - Consulat à vie
Constitution du 18 mai 1804 : *(28 floréal an XII)*	1er Empire
Constitution sénatoriale du 6 avril 1814 :	Restauration
Charte du 4 juin 1814 :	Restauration

22 RENÉ COTY
(1882-1962) Le Havre
1954-1958 IVe République

23 CHARLES DE GAULLE
(1890-1970) Lille
1958-1969 Ve République

24 GEORGES POMPIDOU
(1911-1974) Montboudif
1969-1974 Ve République

25 VALÉRY GISCARD D'ESTAING
(1926) Coblence
1974-1981 Ve République

26.FRANÇOIS MITTERRAND
(1916-1996) Paris
1981-1995 Ve République

27.JACQUES CHIRAC
(1932)
1995 Ve République

Acte additionnel aux Constitutions de l'Empire du 23 avril 1815 :	les Cent-Jours
Charte du 7 août 1830 :	monarchie de Juillet
Constitution du 4 novembre 1848 :	IIe République
Constitution du 14 janvier 1852 :	IIe République, puis Second Empire
Constitution de 1875 :	IIIe République
Lois constitutionnelles de 1940-1942 :	État français
Loi constitutionnelle du 2 novembre 1945 :	IVe République (organisation provisoire)
Constitution du 27 octobre 1946, modifiée le 7 novembre 1954 :	IVe République
Constitution du 4 octobre 1958, révisée par référendum en 1962 (élection du président au suffrage universel) :	**Ve République**

À chacun selon sa devise...

PARIS et **AIMARGUES** (Gard) ont la même devise :
FLUCTUAT NEC MERGITUR,
qui se traduit à Aimargues : « Elle flotte et ne sombre pas », s'appliquant à la croix du blason flottant sur les eaux, et à Paris : « Il est agité par les vagues et ne sombre pas », devise consacrée officiellement le 24 novembre 1853 par le baron Haussmann, préfet de la Seine.

SEIX
CAP DE PAOU QUE SOUN D'ASSEICH
Je n'ai point peur, je suis de Seix.
C'est là un vieux dicton populaire sans rapport avec le blason découvert sur un bas-relief de l'église. Il représente deux poissons et deux clefs, rappelant que Seix commande cinq vallées et qu'elle avait des droits sur leurs rivières.
Le dicton est devenu devise officielle.

LORIENT
AB ORIENTE REFULGET
Elle brille de l'orient.
Cette devise officielle est une allusion à la fondation de la ville (1164) par la Compagnie des Indes orientales.

COURBEVOIE
CURVA VIA, MENS RECTA
Courbe voie, esprit droit.
C'est en 1900 que l'on choisit à la ville des armoiries et une devise qui oppose les voies courbes de la localité à l'esprit droit des habitants.

FORCALQUIER
PLUS AUT QUE LES AUP
Plus haut que les Alpes.
Cette devise a été ajoutée aux armes de la ville lors des jeux Floraux de 1882 et de la mise en chantier du pont-viaduc.
Il faut y voir le défi jeté aux montagnes par un peuple enthousiaste et grand amateur de félibres.

OLLIOULES
FIDELIS LEGI SEMPER OLIVIA
L'olivier est toujours fidèle à la loi.
Le nom et les armes de cette ville tirent leur origine des oliviers qui poussent en abondance sur son territoire.

SAINT-NAZAIRE
APERIT ET NEMO CLAUDIT
Elle ouvre et nul ne ferme.
Cette devise évoque la clef du blason et la situation de la ville à l'embouchure de la Loire, où elle surveille l'entrée et le départ des bateaux.

NANTES
FAVET NEPTUNUS EUNTI
Neptune favorise sa marche.
Sont pareillement évoqués, par cette devise qui apparaît au XVIIIe siècle, l'emplacement de la ville et son blason : « un navire d'argent aux voiles déployées d'hermine. »

FOIX et ORTHEZ
TOQUE Y SI GAUSES
Touche-moi si tu oses !
Non portée à Foix, la devise officielle d'Orthez était celle des Gaston de Foix, originaires de cette ville mais souverains du Béarn et habitant Orthez. Au Moyen Âge, les comtes de Foix ne faisaient pas usage de cette devise, qui était leur cri de défi.

...Et quelques blasons fleuris

LES LILAS
J'ETAIT FLEUR, JE SUIS CITÉ
Devise officielle qui rappelle les bois de bouleaux et les massifs de lilas, qui, de 1820 à 1840, procuraient aux Parisiens des plaisirs champêtres.

ANCENIS
FOLIUM EJUS NON DEFLUET
Sa feuille ne tombera pas.
(Ps. I de David)
Les armoiries de la ville, celles de ses anciens barons, sont à l'origine de cette devise officielle. Ancenis peut être comparée à un arbre dont les feuilles ne tomberont pas, les racines étant baignées par une source féconde : la Loire.

AUBUSSON
INTER SPINAS FLORET
Elle fleurit au milieu des épines.
Rappelant le buisson des armoiries, cette devise officielle marque la renommée croissante de la ville en dépit des obstacles et des difficultés.

ORLÉANS
HOC VERNANT LILIA CORDE
Dans ce cœur les lys fleurissent.
Cette ancienne devise, qui existait dès la fin du XVe siècle, fait allusion aux pièces de l'écu et signifie : grâce à Orléans, cœur de la France, le royaume est florissant.

FONTENAY-SOUS-BOIS
QUERNO SUB TEGMINE FONTES
Sources sous les feuilles des chênes.
Devise et armoiries datent de 1893 et rappellent la forêt de chênes et les nombreuses sources qui ont donné son nom à la commune.
Les prieurs de l'abbaye de Saint-Victor furent seigneurs du pays de 1113 à 1789.

Comment se nomment les habitants de... ?

Agde AGATHOIS
Aigle (L') AIGLONS
Aire-sur-l'Adour ATURINS
Aix-en-Provence AQUISEXTAINS ou AIXOIS
Amboise AMBASCIENS
Angoulême ANGOUMOIS ou ANGOUMOISINS
Annecy ANNECIENS
Antibes ANTIBOIS
Antony ANTONIENS
Apremont-la-Forêt ASPÉROMONTAIS
Argenteuil ARGENTEUILLAIS
Arras ARRAGEOIS
Asnières (Cher) HANNETONS
Aubenas ALBÉNASSIENS
Auch AUSCITAINS
Auray ALRÉENS
Aurillac AURILLACOIS

Bagnères-de-Bigorre BIGOURDANS
Bagnères-de-Luchon LUCHONNAIS
Bagneux BALNEOLAIS
Banyuls-sur-Mer BANYULENCS ou BAGNOLAIS
Bar-le-Duc BARISIENS
Bar-sur-Aube BARALBINS ou BARSURAUBOIS
Bar-sur-Seine BARSÉQUANAIS
Batz BATZIENS
Bayeux BAJOCASSES
Beauvais BEAUVAISINS
Bègles BÉGLAIS
Belfort BELFORTAINS
Besançon BISONTINS
Béziers BITERROIS
Biarritz BIARROTS
Blaye BLAYAIS
Blois BLÉSOIS
Bobigny BALBYNIENS
Bourg BOURCAIS
Bourg-en-Bresse BRESSANS ou BOURGEOIS
Bourges BERRUYERS
Bourg-la-Reine RÉGINABORGIENS
Bourg-lès-Valence BOURQUINS ou BOURCAINS
Bourg-Saint-Andéol BOURGUÉSANS
Bourg-Saint-Maurice BORAINS
Briey BRIOTINS
Brive-la-Gaillarde BRIVISTES

Cahors CADURCIENS
Casteljaloux CASTELJALOUSAINS
Castelnaudary CASTELNAUDARIENS
Chambéry CHAMBÉRIENS
Chantilly CANTILIENS
Charleville-Mézières CAROLOMACÉRIENS
Châteaudun DUNOIS
Château-Gontier CASTROGONTÉRIENS
Châteaulin CASTELLINOIS
Châteauroux CASTELROUSSINS
Château-Salins CASTELSALINOIS
Château-Thierry CASTROTHÉODORICIENS
Châteauvilain CASTELVILLANOIS
Châtelguyon CHÂTELGUYONNAIS ou BRAYAUX
Châtenois CASTINIENS
Chatou CATOVIENS
Chaumont CHAUMONTAIS
Choisy-le-Roi CHOISYENS
Ciotat (La) CIOTADENS
Clamart CLAMARTOIS ou CLAMARIOTS
Clamecy CLAMECYCOIS
Clermont-Ferrand CLERMONTOIS
Clichy CLICHIENS
Clichy-sous-Bois CLICHOIS
Collioure COLLIOURENCHS
Colmar COLMARIENS
Colombey-les-Deux-Églises COLOMBÉIENS
Coulommiers COLUMÉRIENS
Courbevoie COURBEVOISIENS
Creil CREILLOIS
Créteil CRISTOLIENS
Creusot (Le) CREUSOTINS

Dax DACQUOIS
Douarnenez DOUARNENISTES
Draguignan DRACÉNOIS
Dreux DROUAIS ou DUROCASSES
Ducey DUCÉENS

Elbeuf ELBEUVIENS
Épernay SPANACIENS
Épinal SPINALIENS
Épinay SPINASSIENS
Erquy RÉGINÉENS
Eu EUDOIS
Évreux ÉBROÏCIENS

Fère-Champenoise FERTONS
Firminy APPELOUS
Foix FUXÉENS
Fontainebleau BELLIFONTAINS
Fontenay-aux-Roses FONTENAISIENS
Forcalquier FORCALQUIÉRAIS
Forges-les-Eaux FORGIONS
Fougères FOUGERAIS
Fouras FOURASIENS
Fumay FUMACIENS

Gap GAPENÇAIS
Gérardmer GÉROMOIS
Gex GESSIENS
Grasse GRASSOIS
Groix (île de) GROISILLONS ou GRÉSILLONS
Guéret GUÉRÉTOIS

Issoudun ISSOLDUNOIS
Issy-les-Moulineaux ISSÉENS
Ivry-sur-Seine IVRYENS

Joigny JOVINIENS

Lagny-sur-Marne LANIAQUES ou LATIGNACIENS
Lapalisse PALISSOIS ou LAPALISSOIS
Laval LAVALLOIS
Le Mans MANCEAUX
Limoges LIMOUGEAUDS
Lisieux LEXOVIENS
Lons-le-Saunier LÉDONIENS
Loupe (La) LOUPIOTS
Louvier LOVÉRIENS
Lusignan MÉLUSINS
Luxeuil-les-Bains LUXOVIENS

Malakoff MALAKOFFIOTS
Martigues MARTÉGAUX ou MARTIGAUX
Masseube MASSYLVAINS
Mauguio MELGORIENS
Meaux MELDOIS
Melun MELUNAIS
Metz MESSINS
Meung-sur-Loire MAGDUNOIS
Millau MILLAVOIS
Mirepoix MIRAPICIENS ou MIREPICIENS
Mondoubleau MONDOUBLOTIERS
Montaigu MONTACUTAINS ou MONTAIGUSIENS
Montargis MONTARGOIS
Montauban MONTALBANAIS
Mont-de-Marsan MONTOIS
Montdidier MONTDIDÉRIENS
Montélimar MONTILIENS
Montpellier MONTPELLIÉRAINS
Montreuil MONTREUILLOIS
Montrouge MONTROUGIENS
Morteau MORTUACIENS
Moulins MOULINOIS

Nantua NANTUATIENS
Nevers NIVERNAIS
Niort NIORTAIS
Nuits-Saint-Georges NUITONS

Orange ORANGEOIS
Ouessant OUESSANTINS

Paimbœuf PAIMBLOTINS
Pamiers APPAMÉENS
Pantin PANTINOIS
Paray-le-Monial PARODIENS
Pau PALOIS
Périgueux PÉRIGOURDINS ou PÉTROCORIENS
Pézenas PISCÉNOIS
Pithiviers PITHIVÉRIENS
Plessis-Robinson (Le) ROBINSONNAIS ou HIBOUS
Poil POILUS
Pont-à-Mousson MUSSIPONTAINS
Pontarlier PONTISSALIENS
Pont-de-Roide RUDIPONTAINS
Pont-de-Vaux PONTEVALLOIS
Pont-l'Évêque PONTÉPISCOPIENS
Pont-Saint-Esprit SPIRIPONTAINS
Privas PRIVADOIS
Puteaux PUTÉOLIENS
Puy-en-Velay (Le) ANICIENS ou PONOTS

Rambervillers RAMBUVETAIS
Rambouillet RAMBOLITAINS
Ré (île de) RÉTAIS
Remiremont ROMARIMONTAINS
Rive-de-Gier RIPAGÉRIENS
Rochefort ROCHEFORTAIS
Rochelle (La) ROCHELAIS
Rodez RUTHÉNOIS
Romilly-sur-Seine ROMILLONS
Royat ROYATOIS
Reuil-Malmaison RUEILLOIS

Sables-d'Olonne (Les) SABLAIS
Saint-Amand-les-Eaux AMANDINOIS
Saint-Amand-Montrond SAINT-AMANDOIS
Saint-Brieuc BRIOCHINS
Saint-Claude SANCLAUDIENS
Saint-Cloud CLODOALDIENS
Saint-Denis DIONYSIENS
Saint-Dié DÉODATIENS
Saint-Dizier BRAGARDS
Saint-Flour SANFLORAINS
Saint-Jean-d'Angély ANGÉRIENS
Saint-Junien SAINT-JUNIAUDS
Saint-Lô SAINT-LOIS
Saint-Mihiel SAMMIELLOIS
Saint-Nicolas-en-Forêt NICO-FORESTIERS
Saint-Omer AUDOMAROIS
Saint-Ouen AUDONIENS
Saint-Paul-Trois-Châteaux TRICASTINOIS
Saint-Pierre-des-Corps CORPOPÉTRUSSIENS
Saint-Pol-de-Léon SAINT-POLITAINS ou LÉONARDS
Saint-Pol-sur-Ternoise SAINT-POLOIS ou PAULOPOLITAINS
Saint-Yrieix-la-Perche ARÉDIENS
Sainte-Foy-la-Grande FOYENS
Sainte-Menehould MÉNEHILDIENS
Saintes-Maries-de-la-Mer SAINTOIS
Salces (Les) SALSÉENS
Saulieu SÉDÉLOCIENS
Sceaux SCÉENS
Sées SAGIENS
Sein (île de) SENANS
Sens SENONAIS

Tain-l'Hermitage TINOIS
Tartas TARUSATES
Thiers THIERNOIS
Tourcoing TOURQUENNOIS
Tour-du-Pin TURRIPINOIS
Tournus TOURNUSIENS
Tréguier TRÉGORROIS ou TRÉCORROIS
Tulle TULLISTES

Vannes VANNETAIS
Vanves VANVISTES
Verdun VERDUNOIS
Vésinet (Le) VÉSIGONDINS ou VÉSINETTOIS
Vesoul VÉSULIENS
Villedieu-les-Poêles SOURDINS
Villefranche-sur-Saône CALADOIS
Vitry-le-François VITRYATS
Vouvray VOUVRILLONS
Vouziers VOUZINOIS

Petit aide-mémoire départemental à la manière de 1872

Dans la SOMME est AMIENS, que la barque sillonne*,
Doullens et Montdidier, Abbeville et Péronne.
** À Amiens, la Somme se divise en canaux.*

SEINE-INFÉRIEURE [auj. Seine-Maritime] a ROUEN, Le Havre aux mille barques,
Dieppe avec Neufchâtel, Yvetot, sans monarques*.
** Les seigneurs d'Yvetot portèrent le titre de roi.*

Dans la MANCHE, SAINT-LÔ, Mortain, Valogne, Avranches,
Coutances avec Cherbourg, qui captive la Manche.

Dans l'ORNE est ALENÇON et Domfront sur son roc,
Argentan et Mortagne, où l'on vit plus d'un choc.

Dans la SEINE, PARIS, superbe souveraine,
Régit Sceaux, Saint-Denis, tient l'Europe en haleine.

Aux Ardennes, MÉZIÈRES et Vouziers et Rethel,
Sedan, Rocroy, qu'un jour Condé fit immortel.

Dans la MARNE est CHÂLONS, Vitry, Reims, Épernay,
Et Menehould, écueil d'un prince infortuné*.
** Allusion à la fuite de Louis XVI interrompue dans cette ville.*

AUBE, sur SEINE on voit TROYES et Nogent et Bar,
Et sur les bords de l'Aube on voit Arcis et Bar.

HAUTE-MARNE a CHAUMONT, Langres sur sa hauteur,
Vassy*, dont le chrétien déplore la fureur.
** C'est à Vassy que débutèrent les guerres de Religion par une querelle entre les protestants de la ville et les gens du duc de Guise.*

Aux VOSGES, ÉPINAL au superfin papier,
Mirecourt, Neufchâteau, Remiremont, Saint-Dié.

JURA : LONS-LE-SAUNIER, connu pour les salines,
Saint-Claude, Poligny, Dole aux belles collines.

Dans le RHÔNE est LYON qu'après Paris on met,
Et Villefranche seule à ses lois se soumet.

Dans la HAUTE-SAVOIE, la riante ANNECY,
Saint-Julien et Thonon et Bonneville aussi.

La SAVOIE : CHAMBÉRY, dont on vante les cimes,
Albertville, Saint-Jean, Moutiers, flanqué d'abîmes.

Dans l'ISÈRE est GRENOBLE, avec La Tour-du-Pin,
Saint-Marcellin et Vienne, où Pilate eut sa fin*.
** Selon la tradition, Pilate, exilé de Rome, se retira à Vienne, où il mourut.*

Dans la DRÔME est VALENCE, où dort le martyr Pie*,
La petite Nyons, Montélimar et Die.
** Le pape Pie VI, mort à Valence en 1799.*

Dans le VAR, DRAGUIGNAN, aimé du Provençal,
Brignoles avec Toulon et son triple arsenal.

Dans l'ARDÈCHE est PRIVAS, souvent mise au pillage,
Largentière, Tournon*, voisin de l'Ermitage.

Dans la LOZÈRE est MENDE au sein de ses vergers,
Marjovols et Florac au pied de ses rochers.

Dans l'HÉRAULT,. MONTPELLIER, où le docteur s'élève*,
Béziers, digne des dieux, et Saint-Pons et Lodève.
** Allusion à la célèbre école de médecine fondée au XVIIIe siècle.*

HAUTE-GARONNE aura TOULOUSE, aux jeux savants*,
Villefranche, Muret, la belle Saint-Gaudens.
**Jeux floraux.*

Dans l'ARIÈGE est FOIX, à la roche si rare,
Pamier et Saint-Girons, à la source bizarre.

Les HAUTES-PYRÉNÉES ont TARBES, belle à voir,
Argelès et Bagnères, au célèbre baignoir.

LANDES : MONT-DE-MARSAN, dans ses plaines brûlantes,
Sur l'Adour, Saint-Sever, Dax et ses eaux bouillantes.

Dans le GERS, AUCH, Condom, que Bossuet fit grande,
Et la haute Lectoure et Lombez et Mirande.

Dans le LOT est CAHORS, fier de son héroïsme,
Gourdon, Figeac, livrée aux mains du calvinisme.

DORDOGNE a PÉRIGUEUX, son pâté délicat,
Bergerac et Nontron, Riberac et Sarlat.

Dans MAINE-ET-LOIRE, ANGERS, remplaçant son vieux mur,
Beaugé, Cholet, Segré, la charmante Saumur.

Dans les CÔTES-DU-NORD [auj. Côtes-d'Armor], SAINT-BRIEUC et Guingamp,
Loudéac et Lannion, la ducale Dinan.

Dans la SARTHE est LE MANS, qui soutint plus d'un siège,
Mamers et Saint-Calais, La Flèche, au beau collège.

Dans L'INDRE-ET-LOIRE est TOURS, Loches au bord de l'Indre,
Chinon, où fut sauvé le roi le plus à plaindre*.
**Charles VII.*

Dans EURE-ET-LOIR est CHARTRES, aux clochers merveilleux,
Châteaudun, au vieux fort, Nogent-le-Rotrou, Dreux.

Au CANTAL, AURILLAC, nourrice d'un grand pape*,
Saint-Flour, Murat, Mauriac, berceau de l'abbé Chappe.
**Gerbert, élu pape sous le nom de Sylvestre II.*

HAUTE-VIENNE a LIMOGES, où la Vienne se joue,
Bellac et Rochechouart, Saint-Yrieix sur la Loue.

En CORSE, AJACCIO, berceau d'un conquérant,
Bastia, Calvi, Corte, Sartène au second rang.

HAUTES-ALPES ont GAP, Embrun sur son rocher,
Briançon, aux sept forts qu'on ne peut approcher.

Qu'aux BASSES-ALPES, DIGNE et Castellane on mette,
Sisteron, Forcalquier avec Barcelonnette.

ALPES-MARITIMES : NICE au ciel renommé,
Puget-Théniers et Grasse, où l'air est embaumé.

En toute franchise...

L'Angleterre est un empire,
l'Allemagne un pays, une race,
la France est une personne.
(J. Michelet)

Quand je discute avec un Français, très vite vient un moment où il me dit : « Tout de même, vous reconnaissez que 2 et 2 font 4 ? » Je réponds : « Non », et la coopération efficace commence.
(Un homme d'État anglais)

En France, le premier jour est pour l'engouement, le second pour la critique et le troisième pour l'indifférence.
(Jean-François de La Harpe)

L'étranger, la province, Paris forment, pour le Français, les trois zones concentriques de la planète.
(Ernst Robert Curtius)

Nous ne songeons pas qu'une forêt, une route, un port, un jardin et, plus encore, la campagne, la campagne française, c'est aussi une œuvre d'art, exigeant une somme inouïe de patience et de choix.
(Jean Guitton)

La France est divisée en 43 millions de Français. La France est le seul pays du monde où, si vous ajoutez dix citoyens à dix autres, vous ne faites pas une addition, mais vingt divisions.
(Pierre Daninos)

En France, tout le monde paraît avoir de l'esprit.
(Nicolas de Chamfort)

Les Français sont logiques dans un monde de folie. Pour eux, non seulement 2 et 2 font 4, mais 32 et 32 font 64, et non 4 589 comme pour tout le monde. Leurs esprits sont ordonnés, balayés et clairs comme leur langage.
(Claude Washburn)

La France, le plus beau royaume après celui du ciel.
(Hugo Grotius)

De quelque condition qu'il soit, le Français se croira toujours juge souverain de tout, de la vérité aussi bien que de la beauté, du bien et du mal et naturellement des autres pays, dont poutant il ne sait rien.
(Holger Ahlenius)

Il y a deux Midi. Le Midi bourgeois,
le Midi paysan. L'un est comique,
l'autre est splendide.
Tartarin et l'Arlésienne sont des
échantillons de ces deux Midi
si différents.
(Alphonse Daudet)

France et humanité ne sont pas deux mots qui s'opposent l'un à l'autre. Ils sont conjoints et inséparables. Notre patrie est le plus humaine des patries.
(Ernest Lavisse)

France, mère des arts,
des armes et des lois.
(Joachim du Bellay)

En France, on laisse en repos ceux qui mettent le feu, et on persécute ceux qui sonnent le toscsin.
(Nicolas de Chamfort)

Les Français sont à la fois fort prodigues de leur bien et de celui des autres.
(Machiavel)

Quand un Français a des idées, il veut les imposer aux autres. Quand il n'en a pas, il le veut tout de même. Et quand il voit qu'il ne le peut, il se désintéresse des autres, il se désintéresse d'agir.
(Romain Rolland)

Si les Français perdent une bataille, une épigramme les console ; si un nouvel impôt les charge, un vaudeville les dédommage ; si une affaire sérieuse les occupe, une chansonnette les égaye ; et le style le plus simple et le plus naïf est toujours relevé par des traits malins et par des pointes piquantes.
(Carlo Goldoni)

La République, en France, a ceci de particulier, que personne n'en veut et que tout le monde y tient.
(Joseph Arthur de Gobineau)

Le Français se représente l'univers sous l'aspect d'un cercle immense et mal défini, au centre duquel se trouve Paris.
(Henri Bidou)

Il suffit souvent au Français de s'être épris d'une chimère pour en faire une réalité.
(Charles-Ferdinand Ramuz)

Les Français veulent l'égalité dans la liberté et, s'ils ne peuvent l'obtenir, ils la veulent encore dans l'esclavage.
(Alexis de Tocqueville)

Le naturel des Français est de n'aimer point ce qu'ils voient.
(Henri IV)

Les conseils de la Sécurité routière

Conduire en sécurité sur autoroute

L'autoroute est plus grande et plus sûre, mais la conduite y est différente : elle exige d'autres habitudes, d'autres précautions que la conduite sur route.
On peut être un automobiliste déjà expérimenté et être encore un « débutant de l'autoroute » si on y circule rarement ou depuis peu.
Pendant les mois d'été, les autoroutes enregistrent une très sensible augmentation du trafic, car aux voitures de la métropole viennent s'ajouter les automobiles et les caravanes venues de l'étranger : Pays-Bas, Belgique, Allemagne, et Grande-Bretagne notamment.
Certes, le conducteur est plus en sécurité sur l'autoroute que sur la route : 1,1 tué, pour 100 millions de véhicules au kilomètre, au lieu de 4,6 tués sur la route.
Mais, quand les accidents se produisent sur autoroute, ils sont deux fois plus graves.

Avant le départ

Une voiture en parfait état

● Vérifiez vos pneus. 16 % des accidents sur autoroute sont causés par des éclatements de pneus. Un pneu sous-gonflé finit par éclater si vous roulez vite et longtemps. Car ce sont les flancs du pneu qui travaillent, et la bande de roulement risque de se découper (même sur les pneus neufs). Pour ne pas compromettre votre sécurité faites gonfler vos pneus 200 g (0,2 bar) au-dessus de la pression préconisée.

● Veillez à ce que vos rétroviseurs soient soigneusement réglés : sur l'autoroute, le danger vient souvent de l'arrière.
● Faites vérifier éclairage et clignotants, en particulier les feux de détresse.

● Vérifiez l'eau, l'huile, le liquide de lave-glace, les essuie-glaces, la quantité de carburant contenue dans le réservoir, et prévoyez les ravitaillements.
(En cas d'accident provoqué par un arrêt consécutif à une panne d'essence, la responsabilité du conducteur serait engagée parce que cette panne n'est pas un évènement imprévisible.)

● Si Météo-France annonce du brouillard, évitez autant que possible de prendre l'autoroute.

● Faites boucler les ceintures de sécurité à tous, y compris aux passagers des places arrière.

● Connaissez votre itinéraire, en particulier la sortie où vous quitterez l'autoroute. Les sorties sont souvent numérotées : notez le numéro de celle où vous sortirez.

Entrer sur l'autoroute

● Dès que vous êtes sur la voie d'accélération, regardez vers l'arrière gauche, et mettez le clignotant gauche.

● Accélérez pour prendre la voie de droite de l'autoroute en profitant d'un intervalle suffisant entre les véhicules qui y circulent déjà et en roulant à une allure suffisante pour ne pas gêner les conducteurs. Utilisez le rétroviseur extérieur.
Entrez plutôt derrière que devant un véhicule.

● Si la manœuvre d'entrée semble soudain dangereuse, freinez et restez sur la voie d'accélération en attendant une situation plus favorable.
Évitez de freiner brusquement si vous êtes suivi par un autre véhicule. Au lieu de freiner, il est quelquefois préférable de prendre la bande d'arrêt d'urgence, puis de la quitter dès qu'il est possible de le faire sans risque. Cette utilisation de la bande d'arrêt d'urgence doit être exceptionnelle et pratiquée seulement pour éviter une collision.

● En tout cas, n'obligez pas un conducteur circulant sur l'autoroute à faire un écart ou à freiner.

● Un conducteur qui roule sur la voie de droite de l'autoroute et qui approche d'une entrée par laquelle arrive un véhicule peut faciliter l'insertion de ce dernier en prenant la seconde voie si cela ne gêne pas d'autres conducteurs. Facilitez particulièrement l'insertion des véhicules lourds : leur accélération et leur maniabilité sont inférieures à celles des voitures légères.

Rouler sur l'autoroute

Attention aux carambolages !

L'un des pièges qui guettent l'usager de l'autoroute, c'est le carambolage. Pour l'éviter, il faut :

● ne jamais relâcher son attention ; garder ses distances et chercher à anticiper les manœuvres des conducteurs qui précèdent ou suivent (regardez fréquemment dans le rétroviseur) ;

● signaler les manœuvres longtemps à l'avance, surtout s'il s'agit de quitter l'autoroute.

Respectez la limitation de vitesse

● Ne dépassez en aucun cas la vitesse limite de 130 km/h.

● Ne roulez jamais à la puissance maximale de la voiture.

La nuit : danger !

● Il faut savoir que 43 % des accidents mortels se produisent la nuit. Il est donc essentiel de voir et d'être vu : pour cela nettoyez les feux avant et arrière de la voiture ainsi que le pare-brise. Car, l'été, de nombreux insectes viennent s'y coller.

Par temps de pluie ou d'orage

- La pluie multiplie par quatre le risque d'accident. S'il pleut, il faut absolument réduire sa vitesse et augmenter la distance par rapport au véhicule précédent.
- Attention : ce n'est pas seulement la pluie qui est dangereuse, c'est la chaussée mouillée, même s'il ne pleut pas.
- En cas de ralentissement, freinez doucement et par à-coups.
- En cas de forte averse, allumez les feux de croisement (codes).
- Assurez-vous de la transparence de la vitre arrière. Donc, ne placez pas de paquets risquant de boucher la vue.

Attention à la fatigue !

- Un accident sur dix, environ, est dû à la fatigue.
- Sur autoroute, les paramètres physiologiques sont pertubés après 400 km au volant.

La conduite sur autoroute tend à vous endormir. Deux secondes d'inattention à 130 km/h et vous parcourez 72 m incontrôlés.

Évitez ce risque en cassant la monotonie de votre rythme de conduite : modifiez votre vitesse et la température intérieure de votre voiture. Mais, surtout, il est indispensable que vous vous arrêtiez toutes les deux heures, environ, sur une aire de repos ou sur un parking pour marcher un peu et vous délasser.

- La conduite de nuit sur autoroute diminue encore plus la vigilance du conducteur. Là encore, il faut s'arrêter fréquemment afin de ne pas se laisser envahir par la fatigue, d'abord, par le sommeil ensuite.

Que faire en cas de panne sur l'autoroute ?

- Si, malgré les précautions prises avant le départ, votre voiture devait tomber en panne sur l'autoroute, ne paniquez pas. Les autoroutes sont jalonnées (tous les 2 km) de bornes d'appel de couleur orange, reliées au PC autoroutier du secteur de la gendarmerie nationale.

Ou s'arrêter ?

- En cas de nécessité absolue, vous pouvez vous arrêter sur la bande d'arrêt d'urgence. Prenez le maximum de précautions car vous serez frôlé par les véhicules en circulation : stationnez donc le plus à droite possible, faites fonctionner votre système clignotant « alarme » et n'hésitez pas à utiliser en plus le triangle de présignalisation. Ensuite, attendez patiemment l'arrivée du véhicule de dépannage.

En cas de crevaison, que faire ?

- Choisissez autant que possible un endroit où vous pourrez éloigner au maximum votre véhicule de la voie de circulation. (Si vous êtes arrêté contre une glissière latérale, roulez quelques dizaines de mètres au ralenti jusqu'à ce que vous trouviez une interruption de la glissière.)
- Si vous réparez vous-même, vous ne devez pas rester immobilisé sur la bande d'arrêt d'urgence plus d'une demi-heure.

Sortir de l'autoroute

- Si vous n'êtes pas sur la file de droite, prenez-la plusieurs centaines de mètres avant la sortie, quelquefois plus tôt encore si la circulation est dense. En tout cas, dès que la sortie est annoncée.
- Mettez le clignotant à droite.
- Commencez à ralentir avant la sortie, progressivement et en gênant le moins possible le conducteur qui suit. Si vous connaissez la sortie et si vous êtes certain que la voie de décélération est

droite et assez longue, vous pourrez quelquefois ne commencer à ralentir qu'après avoir quitté l'autoroute.

- Prenez la voie de décélération dès le début et roulez à droite.
- Ralentissez aussitôt que vous êtes sur la voie de décélération, conformément aux limites de vitesse signalées, car vous abordez souvent une courbe à faible rayon : regardez l'indicateur de vitesse ; vous aurez alors l'illusion d'avoir ralenti beaucoup plus que vous ne l'avez fait en réalité.
- En cas d'hésitation au dernier moment sur le choix de la sortie, ne freinez pas, ne revenez pas brusquement sur la chaussée, ne reculez pas : sortez. Il est toujours possible de reprendre ensuite l'autoroute par l'entrée correspondant à la sortie prise par erreur, et cela sans dépense supplémentaire sur les autoroutes à péage.
- Si vous vous apercevez que vous avez dépassé la sortie que vous vouliez prendre, ne faites jamais marche arrière : continuez jusqu'à la prochaine sortie.
- Après la sortie, il est nécessaire de se réadapter à la circulation sur le réseau routier, où la vitesse est limitée à 90 km/h, où existent des intersections, et où des véhicules divers circulent dans les deux sens.

Le texte « Les conseils de la Sécurité routière » est extrait du *Nouveau Guide de la Route*, publié par Sélection du Reader's Digest.

Informations et renseignements pratiques

Les régions et leurs capitales

1 Alsace	Strasbourg
2 Aquitaine	Bordeaux
3 Auvergne	Clermont-Ferrand
4 Bourgogne	Dijon
5 Bretagne	Rennes
6 Centre	Orléans
7 Champagne-Ardenne	Châlons-en Champagne
8 Corse	Ajaccio
9 Franche-Comté	Besançon
10 Île-de-France	Paris
11 Languedoc-Roussillon	Montpellier
12 Limousin	Limoges
13 Lorraine	Metz
14 Midi-Pyrénées	Toulouse
15 Nord-Pas-de-Calais	Lille
16 Normandie (Basse-)	Caen
17 Normandie (Haute-)	Rouen
18 Pays de la Loire	Nantes
19 Picardie	Amiens
20 Poitou-Charentes	Poitiers
21 Provence-Alpes-Côte-d'Azur	Marseille
22 Rhône-Alpes	Lyon

Les départements et leurs préfectures

N° département (n° région)	Préfecture
01 Ain (22)	Bourg-en-Bresse
02 Aisne (19)	Laon
03 Allier (3)	Moulins
04 Alpes-de-Haute-Provence (21)	Digne
05 Hautes-Alpes (21)	Gap
06 Alpes-Maritimes (21)	Nice
07 Ardèche (22)	Privas
08 Ardennes (7)	Charleville-Mézières
09 Ariège (14)	Foix
10 Aube (7)	Troyes
11 Aude (11)	Carcassonne
12 Aveyron (14)	Rodez
13 Bouches-du-Rhône (21)	Marseille
14 Calvados (16)	Caen
15 Cantal (3)	Aurillac
16 Charente (20)	Angoulême
17 Charente-Maritime (20)	La Rochelle
18 Cher (6)	Bourges
19 Corrèze (12)	Tulle
2A Corse-du-Sud (8)	Ajaccio
2B Haute-Corse (8)	Bastia
21 Côte-d'Or (4)	Dijon
22 Côtes-d'Armor (5)	Saint-Brieuc
23 Creuse (12)	Guéret
24 Dordogne (2)	Périgueux
25 Doubs (9)	Besançon
26 Drôme (22)	Valence
27 Eure (17)	Évreux
28 Eure-et-Loir (6)	Chartres
29 Finistère (5)	Quimper
30 Gard (11)	Nîmes
31 Haute-Garonne (14)	Toulouse
32 Gers (14)	Auch
33 Gironde (2)	Bordeaux
34 Hérault (11)	Montpellier
35 Ille-et-Vilaine (5)	Rennes
36 Indre (6)	Châteauroux
37 Indre-et-Loire (6)	Tours
38 Isère (22)	Grenoble
39 Jura (9)	Lons-le-Saunier
40 Landes (2)	Mont-de-Marsan
41 Loir-et-Cher (6)	Blois
42 Loire (22)	Saint-Étienne
43 Haute-Loire (3)	Le Puy-en-Velay
44 Loire-Atlantique (18)	Nantes
45 Loiret (6)	Orléans
46 Lot (14)	Cahors
47 Lot-et-Garonne (2)	Agen
48 Lozère (11)	Mende
49 Maine-et-Loire (18)	Angers
50 Manche (16)	Saint-Lô
51 Marne (7)	Châlons-en-Champagne
52 Haute-Marne (7)	Chaumont
53 Mayenne (18)	Laval
54 Meurthe-et-Moselle (13)	Nancy
55 Meuse (13)	Bar-le-Duc
56 Morbihan (5)	Vannes
57 Moselle (13)	Metz
58 Nièvre (4)	Nevers
59 Nord (15)	Lille
60 Oise (19)	Beauvais
61 Orne (16)	Alençon
62 Pas-de-Calais (15)	Arras
63 Puy-de-Dôme (3)	Clermont-Ferrand
64 Pyrénées-Atlantiques (2)	Pau
65 Hautes-Pyrénées (14)	Tarbes
66 Pyrénées-Orientales (11)	Perpignan
67 Bas-Rhin (1)	Strasbourg
68 Haut-Rhin (1)	Colmar
69 Rhône (22)	Lyon
70 Haute-Saône (9)	Vesoul
71 Saône-et-Loire (4)	Mâcon
72 Sarthe (18)	Le Mans

73 Savoie (22)	Chambéry	**85 Vendée (18)**	LaRoche/ Yon
74 Haute-Savoie (22)	Annecy	**86 Vienne (20)**	Poitiers
75 Paris (10)	Paris	**87 Haute-Vienne (12)**	Limoges
76 Seine-Maritime (17)	Rouen	**88 Vosges (13)**	Épinal
77 Seine-et-Marne (10)	Melun	**89 Yonne (4)**	Auxerre
78 Yvelines (10)	Versailles	**90 Territoire de Belfort (9)**	Belfort
79 Deux-Sèvres (20)	Niort	**91 Essonne (10)**	Évry
80 Somme (19)	Amiens	**92 Hauts-de-Seine (10)**	Nanterre
81 Tarn (14)	Albi	**93 Seine-Saint-Denis (10)**	Bobigny
82 Tarn-et-Garonne (14)	Montauban	**94 Val-de-Marne (10)**	Créteil
83 Var (21)	Toulon	**95 Val-d'Oise (10)**	Cergy-Pontoise
84 Vaucluse (21)	Avignon		

Signes distinctifs des automobiles des pays d'Europe

A	Autriche	GBJ	Jersey
AL	Albanie	GBM	Île de Man
AND	Andorre	GBZ	Gibraltar
B	Belgique	GR	Grèce
BG	Bulgarie	H	Hongrie
CH	Suisse	I	Italie
CS	Tchécoslovaquie	IRL	Irlande
CY	Chypre	L	Luxembourg
D	Allemagne	LT	Lituanie
DK	Danemark	LV	Lettonie
E	Espagne	M	Malte
EW	Estonie	MC	Monaco
F	France (et Dom-Tom)	N	Norvège
FL	Liechtenstein	NL	Pays-Bas
FR	Îles Féroé	P	Portugal
GB	Royaume-Uni de Grande Bretagne et d'Irlande du Nord	PL	Pologne
GBA	Aurigny	RO	Roumanie
GBG	Guernesey	RSM	Saint-Marin
		S	Suède
		SF	Finlande
		TR	Turquie
		V	Saint-Siège
		YU	Yougoslavie

Immatriculations spéciales

CMD chef de mission diplomatique. TT transit temporaire. CC corps consulaire. W véhicule en vente, en réparation ou à l' essai. CD corps diplomatique.

Petit guide de l'avocat

Pourquoi un article sur l'avocat par un avocat ?
Outre le plaisir qu'il y a à plaider sa propre cause, l'image de cette profession auprès du public peut apparaître soit déplaisante, soit porteuse de clichés, sinon trompeurs, tout au moins sauvagement réducteurs : certains auront à l'esprit les fameuses caricatures de Daumier où l'orgueil et la vanité des avocats sont mis en avant. On y voit des personnages « enrobés », affublés d'une physionomie pour le moins disgracieuse et d'un verbe aussi pompeux qu'inefficace. Il est vrai aussi que les droits de la défense sont trop souvent assimilés à une complicité morale de l'avocat avec les délinquants ; on s'interroge alors sur sa probité et sa conscience morale : comment peut-on défendre un monstre coupable des crimes les plus odieux ?
Le public est alors en droit de s'interroger :
Puis-je faire confiance à un avocat ? À quoi sert-il ?
Ne pourrais-je pas m'en dispenser
et assurer seul ma défense ? Combien cela va-t-il me coûter ?

Quelles sont les garanties offertes par un avocat ?

L'avocat offre tout d'abord des garanties de compétence : il exerce une profession réglementée, nécessitant de longues années d'études : maîtrise ou diplôme de 3e cycle, examen d'entrée et de sortie au centre de formation professionnelle.

L'avocat offre ensuite des garanties de moralité : il est soumis à des règles déontologiques draconiennes, et ce dès sa prestation de serment. Les valeurs auxquelles se réfère le serment de l'avocat sont significatives de l'esprit de cette profession : dignité, conscience, indépendance et humanité. L'ordre des avocats veille tout particulièrement aux exigences de compétence et de moralité de cette profession, et dispose à cet effet d'un pouvoir de sanction qui peut aller jusqu'à la radiation (exclusion définitive).

Par ailleurs, un avocat étant un justiciable comme un autre, sa responsabilité professionnelle est susceptible d'être engagée devant n'importe quelle juridiction.

Exemple :
L'avocat est chargé par son client d'intenter un procès ou de faire appel d'une décision. Or, il laisse passer certains délais, et le client ne peut plus rien faire, sauf à se retourner contre son avocat afin de réclamer en justice réparation du préjudice qu'il a subi du fait de cette faute professionnelle.

Un avocat peut-il refuser une affaire ?

C'est une question qui nous est souvent posée. Les enjeux sont tellement importants qu'il est bien évidemment permis à un avocat de refuser de se charger de telle ou telle affaire, pour trois raisons majeures.

1) Le conflit d'intérêts

Un avocat ne peut défendre son client et l'adversaire de son client au cours du même procès. Cela se comprend aisément ; un avocat se mettant dans une telle situation défendrait nécessairement mal les deux. La règle va cependant plus loin, et l'exemple qui va suivre permettra de comprendre ce qu'est la moralité professionnelle d'un avocat.

Exemple :
Me A a défendu les intérêts de M. B ;
Me A est sollicité par M. C à l'occasion d'un autre litige.
Me A se rend alors compte que M. C veut intenter un procès contre M. B, ancien client de Me A.
Me A devra alors refuser de défendre les intérêts de M. C.

2) Le cas de conscience

Certaines affaires peuvent heurter la conscience de l'avocat, qui, pour des motifs liés à ses idées, ses convictions ou sa religion, estime ne pas être en mesure d'assumer la défense des intérêts de telle ou telle personne.
Il est non seulement moral mais aussi indispensable de pouvoir refuser certaines affaires : rappelons que l'un des droits fondamentaux du citoyen est d'être défendu ; or, pour que ce droit ne soit pas une mascarade, encore faut-il que le justiciable soit en mesure d'être convenablement défendu. Un avocat ne peut plaider contre ses idées ou ses convictions sans faire prendre un risque considérable et illégitime à celui qu'il défend.

3) La compétence

À l'évidence, un avocat ne peut être compétent dans tous les domaines du droit. Un pénaliste par exemple ne pourra rien faire pour une personne qui vient le consulter à l'occasion d'un problème de nature fiscale ; à l'inverse, il est difficilement concevable de demander à un fiscaliste de plaider devant une cour d'assises pour un violeur ou un meurtrier.

Par ailleurs, si vous êtes mécontent de votre avocat , vous pouvez parfaitement lui retirer l'affaire, à condition d' avoir au préalable réglé les démarches déjà effectuées. Il vous suffira de le prévenir, et il transmettra directement votre dossier au confrère de votre choix.

Le recours à un avocat est-il toujours obligatoire ?

Je ne reprendrai pas ici la liste exhaustive et rébarbative de toutes les juridictions devant lesquelles le recours à un avocat est obligatoire.

Pour schématiser, je me contenterai de rappeler les principes suivants :
— L'avocat dispose d'un monopole devant certaines juridictions, tribunaux de grande instance et cours d'appel notamment.
Les justiciables peuvent cependant plaider leur cause eux-mêmes devant ces juridictions, mais à la condition d'y avoir été autorisés par le président.
— D'autres professions du droit peuvent plaider devant certaines juridictions. Par exemple, devant le tribunal de commerce, des huissiers peuvent représenter leurs clients à condition d'être munis d'un pouvoir (mandat) spécial du justiciable dont ils défendent les intérêts.

En ce qui concerne les juridictions répressives :
— Règle peu connue du public, le prévenu peut plaider lui-même sa cause devant le tribunal correctionnel. Il prendra la parole après le procureur de la République pour exposer ses moyens de défense.
— Devant une cour d'assises, le recours à un avocat est en principe obligatoire. Les textes prévoient toutefois que l'accusé pourra prendre comme conseil

l'un de ses parents ou amis, encore une fois à la condition que le président donne son assentiment.
— Devant le juge d'instruction, la personne mise en examen est absolument libre de choisir ou non un avocat et de tenter d'assumer seule la défense de ses intérêts. L'absence d'avocat à l'occasion de l'instruction pose néanmoins de sérieux problèmes.

L'avocat est-il utile ?

Dans bon nombre de cas, l'avocat est nécessaire, ce qui ne signifie pas forcément utile. Pour comprendre cette nuance, encore faut-il connaître le rôle exact de l'avocat.
Étymologiquement, l'avocat (*ad vocatus* : appelé auprès) évoque la plaidoirie, manifestation suprême de la défense et fonction la plus connue du public.
Et pourtant, l'une des fonctions essentielles de l'avocat, et sans doute la plus méconnue, est celle de conseil. Comment, en effet, faire face seul à la diversité des textes (épais Codes civil, administratif, pénal, du commerce... pour ne citer que ceux-là) ? Comment ne pas se tromper ou tout simplement comprendre l'énoncé souvent hermétique d'une règle de droit ? Il suffit de compulser au hasard une page du Code général des impôts pour s'en convaincre...

Le rôle de conseil

Au civil.
L'avocat joue un rôle de prévention, et peut par les conseils qu'il prodigue éviter la survenance d'un conflit.
Par exemple, une société commerciale noue bon nombre de relations contractuelles : contrats de travail, de distribution, de vente, de location... obéissant à des règles spécifiques, complexes et parfois dangereuses. La rédaction prudente d'un contrat permet d'éviter bien des situations litigieuses. Seul un avocat est à même de rédiger ce genre de contrats, puisqu'il est le mieux placé pour connaître les faiblesses de telle ou telle formulation et évaluer le risque judiciaire de telle ou telle clause.
L'avocat peut également, une fois le litige survenu, procéder à un règlement amiable en se rapprochant de la partie adverse. Le juge constatera l'accord des parties et le litige deviendra dès lors sans objet.
Cet accord, appelé protocole transactionnel, s'avère assez souvent être un choix judicieux, car il permet de mettre fin rapidement à un litige dont l'issue pouvait s'avérer longue et incertaine.
L'avocat, enfin, permet à une personne de mieux connaître et faire valoir ses droits.

Exemple :
M. A et Mme B vivent maritalement et sont parents d'un enfant mineur. Ils ne s'entendent plus et décident de se séparer ; dès lors se posent plusieurs problèmes. Qu'en est-il du droit de garde ? du droit de visite et d'hébergement ? de la contribution à l'entretien et à l'éducation de l'enfant mineur? Ce genre d'affaire suscite bien des passions ; un enfant étant au cœur du problème, il s'agit de gérer au mieux la déchirure.

Au pénal.
L'avocat a, au pénal, un rôle primordial : peu de personnes savent qu'il est le seul à pouvoir prendre connaissance d'un dossier pénal. C'est dire que, sans avocat, une personne mise en examen (à qui l'on reproche un crime ou un délit) n'aura pas connaissance de son dossier. Comment, dès lors, pourra-t-elle utilement se défendre et répliquer à des éléments à charge dont elle ignore l'existence ?
Par ailleurs, au pénal, l'avocat se révèle être un lien utile et efficace entre son client et le juge d'instruction, en débloquant notamment certains situations difficiles ou douloureuses : permis de visite refusé à la famille de la personne incarcérée, négociations en vue de l'obtention d'une remise en liberté, etc.
L'avocat est enfin le seul capable de veiller à la régularité de la procédure et au respect des droits de la défense : l'interpellation ou la perquisition a-t-elle été faite dans les règles, les prolongations de garde à vue ont-elles été accordées régulièrement, la personne placée en garde à vue s'est-elle vu notifier ses droits (droit de s'entretenir avec un avocat, de voir un médecin, de prévenir un membre de sa famille) ?

Le rôle d'assistance

Même si la plaidoirie constitue la fonction la plus connue de l'avocat, quelques précisions s'imposent à ce sujet, la plaidoirie étant assez différente selon que l'affaire est de nature civile ou pénale.

Au civil.
En matière civile, l'avocat peut représenter son client, c'est-à-dire plaider alors que le client est absent à l'audience. D'autre part, la procédure civile est écrite, les prétentions ou moyens de défense du demandeur et du défendeur à l'instance figurent obligatoirement dans leurs écritures (assignation pour le demandeur, conclusions pour le défendeur). En conséquence, ce sont les écritures qui lient le juge civil, pas les plaidoiries.

Au pénal.
En matière pénale, l'avocat ne peut qu'assister son client. Il ne peut en conséquence pas plaider si son client est absent, ce qui peut arriver au cas où une personne remise en liberté par le juge d'instruction décide de ne pas se présenter à l'audience correctionnelle.
Au pénal, la procédure est orale. Des conclusions écrites peuvent toutefois être prises, mais plus rarement, afin d'invoquer une irrégularité de procédure, de solliciter la relaxe au bénéfice du client (déclaration d'innocence) ou la requalification des faits qui lui sont reprochés : par exemple, un vol aggravé peut devenir un vol simple.
Le caractère oral de la procédure impose aussi à l'avocat de tenir compte des éléments figurant au dossier, mais également de l'audience, de ce qui s'y est passé ou dit. Il dispose donc de davantage de liberté pour développer ses arguments de défense comme il l'entend. L'éloquence de l'avocat, la pertinence de ses arguments font qu'une plaidoirie, véritable construction intellectuelle, s'avère utile en ce qu'elle pose une problématique, les solutions à y apporter, et en ce qu'elle donne une lumière spécifique à l'affaire. La plaidoirie constitue sans nul doute l'un des aspects les plus enthousiasmants de cette profession.

La question des honoraires

Tout et n'importe quoi a été dit en la matière, le justiciable ayant souvent l'impression que la fixation des honoraires relève davantage de l'art divinatoire que de critères précis.
Il importe ici de rappeler que, le droit à être défendu étant fondamental, les problèmes financiers ne doivent en aucun cas constituer un obstacle. Ainsi, les justiciables ne bénéficiant d'aucun revenu ou de revenus faibles peuvent avoir recours à un avocat commis d'office ou désigné au titre de l'aide juridictionnelle. Dans le cas de l'aide juridictionnelle, l'État prendra en charge, en totalité ou en partie, les honoraires de l'avocat désigné.
Hormis le cas de l'aide juridictionnelle et de la commission d'office, comment se déterminent les honoraires ?

Jadis, les honoraires représentaient l'expression de la reconnaissance du client, définition trop vague car exempte de critères plus précis que la seule satisfaction du justiciable vis-à-vis de son défenseur.
Depuis le milieu du XXe siècle, certains critères sont apparus : la notoriété de l'avocat, la nature et la complexité de l'affaire, le temps passé sur le dossier (préparation du dossier et plaidoirie), le coût du cabinet (charges), la situation financière du client, et enfin le résultat obtenu. Concernant le résultat obtenu, il est nécessaire d'indiquer que la pratique américaine consistant à fixer à l'avance les honoraires en fonction du résultat à obtenir est interdite en France.
Quelques précisions à propos des honoraires :
1) ils peuvent parfaitement faire l'objet d'une contestation.
Si le client les estime trop élevés, il lui suffira de formuler sa réclamation auprès du bâtonnier, lequel déléguera un membre du conseil de l'Ordre pour juger du caractère modéré ou exagéré des honoraires réclamés ou payés.
Si le client, ou l'avocat, n'est pas satisfait de la décision prise, il est possible de porter l'affaire devant la cour d'appel. La transparence paraît être en la matière la meilleure des garanties : l'avocat doit expliquer au client quels sont les critères de fixation des honoraires et conclure avec lui une convention d'honoraires. Le justiciable saura ainsi s'il peut faire face ou pas au financement.

2) La concurrence s'applique avec la même rigueur qu'ailleurs parmi les avocats.
On peut toujours consulter plusieurs avocats et connaître le montant de leurs honoraires. Le client s'aperçoit alors d'une chose : les relations client-avocat ne sont pas purement commerciales et d'autres paramètres entrent nécessairement en ligne de compte. L'avocat inspire-t-il confiance ? Est-il attentif, humain ? Il est clair que si les questions financières sont importantes lors du choix d'un défenseur, elles ne sont pas tout.

Transparence, réglementation, contrôle, sanction, concurrence, autant de concepts tendant à démontrer que la profession d'avocat est en réalité articulée autour de deux vertus majeures : compétence et moralité. J'en ajouterai une troisième : l'humanité, cette profession constituant une subtile alchimie en ce que l'avocat est à la fois un technicien du droit et un homme de cœur.

Petit guide gastronomique

par Blandine VIÉ MARCADÉ

Faire l'inventaire des produits et des recettes des terroirs de France est un pari ambitieux impossible à relever en quelques pages, car pour être véritablement exhaustif, il n'est point d'autre solution que de prendre son bâton de pèlerin et de s'en aller cheminer par les campagnes, interrogeant de-ci de-là un paysan ou un pêcheur, un vigneron ou une grand-mère, flairant les produits au marché, pénétrant dans les cuisines, reniflant le fumet des gibiers qui mijotent, des confitures qui embaument ou des petits crus qui enivrent, en prenant bien soin de tout consigner au fur et à mesure sur un carnet de bord qui deviendrait bientôt aussi lourd qu'un grimoire tant il renfermerait de secrets !Tel n'est point mon propos ici. Pourtant, il est vrai que la France recèle bien des trésors culinaires, à découvrir ou à redécouvrir, car, hélas, ce patrimoine-là aussi est en péril.

Aussi, pour vous allécher — et peut-être vous inciter à parcourir nos belles régions de France pour faire connaissance avec leur gastronomie —, ce sont tout simplement quelques cartes postales gourmandes que je vous adresse dans ces pages et qui, j'espère, vous mettront en appétit.

NORD (Flandre-Artois-Picardie)
ÎLE-DE-FRANCE
NORMANDIE(Haute-Normandie, Basse-Normandie)
BRETAGNE
PAYS DE LA LOIRE (pays nantais, Maine, Anjou)
CENTRE (Touraine, Orléanais, Sologne, Gâtinais, Berry)
CHAMPAGNE-ARDENNE
LORRAINE
ALSACE
FRANCHE-COMTÉ
VENDÉE, POITOU, CHARENTES
LIMOUSIN MARCHE
AUVERGNE, ROUERGUE (Bourbonnais, Velay, Vivarais, Gévaudan)
BOURGOGNE (Nivernais, Morvan)
PAYS DU RHONE (Forez, Beaujolais, Lyonnais, Morvan, Bresse, Dombes, Bugey, pays de Gex)
SAVOIE
DAUPHINÉ
AQUITAINE ET LANDES DE GASCOGNE (Bordelais)
BÉARN ET PAYS BASQUE
PÉRIGORD, QUERCY, AGENAIS
MIDI-PYRÉNÉE (Lauragais, comté de Foix, Bigorre)
LANGUEDOC MÉDITERRANÉEN-ROUSSILLON
PROVENCE
CORSE

LE NORD

(Flandre-Artois-Picardie)

Malgré son image triste et grise, ses corons, ses mines, sa forte industrialisation, ses plaines griffées de cicatrices historiques et de cimetières militaires, ses pluies fines, ses brumes froides, son vent glacé du nord-est, il ne manque pourtant pas de charme, ce plat pays cher à Jacques Brel, dont les paysages recèlent bien plus de trésors qu'il n'y paraît : longues plages flamandes festonnées de dunes, campagne sillonnée de cours d'eau, falaises crayeuses de la Côte d'Opale, vallées verdoyantes de la Thiérache, opulentes plaines d'Artois ponctuées de clochers et de beffrois, riches terres à labour de Picardie, charmants hortillonnages de la baie de Somme, étangs et marais peuplés d'oiseaux...

Laissons donc de côté les clichés pour nous rappeler surtout que, dans le Nord, la maison est toujours ouverte et que l'hospitalité est une règle ; sur la grosse cuisinière à charbon ou le poêle flamand, une cafetière attend toujours le visiteur !

Car ici, on aime faire la fête, rire et chanter, boire et manger, que ce soit chez soi ou à l'extérieur — lors du carnaval, des kermesses et des ducasses.

Conjugué au climat, cet appétit de vivre a donné une cuisine roborative immortalisée par le peintre flamand Bruegel l'Ancien.

Plats

Le porc y est roi, car chaque ferme élevait autrefois le sien pour le saindoux et les différentes potées et hochepots, agrémentés de pommes de terre, poireaux, oignons, carottes, navets et autres légumes dont on fait également de superbes tartes, les flamiches ou flamiques.

La mer et les cours d'eau apportent leur lot de spécialités, à commencer par Sa Majesté le hareng, qui se mange plus ou moins fumé sous forme de kippers (gendarmes), de craquelots, de bouffis ou de rollmops, avec des pommes de terre ou une salade de betteraves.

Ce sont aussi les soles, les raies, les maquereaux, les petites fritures, les anguilles (au vert ou à la bière), et bien sûr les moules, accompagnées de frites qu'on prépare ici de préférence à la graisse de cheval.

On aime aussi beaucoup le lapin — qui va si bien avec la bière et les pruneaux —, la viande de cheval, les carbonades de bœuf (à la bière) et les endives, encore appelées chicons ou witloofs, le goût de chicorée étant ici fortement apprécié, même en boisson puisque le café — qui passe toujours à la chaussette — en est presque toujours additionné.

Fromages & Desserts

On déguste également les fromages au goût puissant comme le maroilles, la boulette d'Avesnes, le puant ou le vieux-lille, mais on finira toujours le repas par un dessert, les grandes terres à blé et à betteraves sucrières d'Artois et de Picardie donnant en abondance farine et sucre, ce qui permet de préparer de nombreuses pâtisseries rustiques : gaufres et gaufrettes, crêpes et beignets, couques, tourtes et autres tartes, au sucre, à la cassonade, au liboulli (lait bouilli) ou à l'coloche (aux pommes).

Et bien sûr, symbole du Nord, la bière — autrefois régionale, aujourd'hui le plus souvent brassée en Belgique — s'impose ici comme la boisson la plus populaire.

Île-de-France

Quoique apparemment peu typée, l'Île-de-France, région qui occupe le centre du Bassin parisien, a pourtant plus d'un tour dans son sac à provisions ! En effet, si au premier coup d'œil il semblerait qu'Île-de-France rime avec Paris, capitale entourée de banlieues se propageant à la manière et à la vitesse des ricochets, ville tentaculaire enchâssée comme un cœur monstrueux et palpitant au sein des grandes plaines monotones de Beauce et de Brie, à y regarder de plus près les paysages, et les ressources, sont infiniment plus variés.
Car l'Île-de-France, ce sont aussi les forêts profondes de Rambouillet et de Fontainebleau — certes moins giboyeuses qu'autrefois —, la riante vallée de Chevreuse, les rivières qui tissent un réseau serré d'eaux vives irriguant les campagnes et permettant la prolifération des jardins maraîchers jusqu'aux portes de Paris, sans oublier les beaux vergers de la Petite Couronne, ni les cressonnières de rivière, ni les anciennes carrières transformées en champignonnières, ni les basses-cours devenues élevages, hélas parfois intensifs.

Plats

Parmi les spécialités maraîchères les plus fameuses, citons les asperges blanches d'Argenteuil, les petits pois de Clamart, les carottes de Crécy, les navets de Fréneuse, les épinards de Viroflay, la mâche de Coulommiers, les choux-fleurs et les haricots chevriers d'Arpajon, les morilles de Rambouillet, les tomates de Montlhéry, et bien sûr les petits champignons de couche dits champignons de Paris.
Pour ce qui est des poissons, les bords de la Marne, de l'Oise et de la Seine ne proposent plus guère de guinguettes où aller guincher en se régalant de fritures de goujons ou de matelotes, mais l'on peut encore déguster perches et éperlans, voire brochets et anguilles.
Le gibier s'est bien sûr raréfié, mais certains élevages de volailles se font encore à l'ancienne, notamment à Houdan, où les poulardes — qui entrent dans la composition du fameux pâté en croûte — ont depuis longtemps acquis leurs lettres de noblesse.

Fromages & Desserts

Rayon fromages, ce sont les pâtes blanches qui dominent, surtout le brie, décliné en quatre versions (Montereau, Melun, Meaux et Coulommiers), et le fontainebleau, crénet qui se déguste avec des fruits rouges (pourquoi pas des fraises de la Bièvre ou des cerises de Montmorency ?).
Pour accompagner toutes ces victuailles, il faut citer la baguette parisienne, connue dans le monde entier.

Et puis n'oublions pas que Paris, c'est tout de même la quintessence de ce qu'on appelle la haute cuisine française, le creuset de toutes les alchimies culinaires, ce qui a donné de nombreuses créations de chefs, comme le paris-brest, né à l'occasion d'une course cycliste, les pommes soufflées, « inventées » lors de l'inauguration de la ligne de chemin de fer Paris-St-Germain (ayant trop attendu, on les retira de la friture pour les y replonger au moment adéquat), etc.
Bref, un foisonnement de produits et d'idées dont Rungis se veut aujourd'hui le catalyseur, ravitaillant non seulement les Parisiens mais également bien des restaurateurs de province.

NORMANDIE

Pays de côtes offrant donc un éventail assez large de poissons, coquillages et crustacés, c'est pourtant l'image de la campagne qui caractérise la Normandie. Verte campagne aux prairies grasses et vallonnées — car le relief est ici plus rude qu'il n'y paraît — semées de maisons à colombages nichées dans les bocages, et de vaches normandes à robe blanche et brune paissant dans les herbages à l'ombre des pommiers en fleur ! Terre bénie par conséquent que ce territoire de Normandie, qui cuisine essentiellement quelques produits incontournables comme les produits laitiers (lait, beurre, crème), les pommes et donc le cidre et l'eau-de-vie de cidre, ou calvados !

Plats

Du pays de Bray au Cotentin, la fenêtre ouverte sur la mer n'est pourtant pas dédaignable puisqu'elle permet d'intégrer à la cuisine locale un certain nombre de produits comme les soles, les turbots, les barbues, les plies ou carrelets, les maquereaux (dont les fameuses lisettes de Dieppe, d'assez petite taille), les lançons, les homards (dont les petites mais si goûteuses demoiselles de Cherbourg), les crevettes et bouquets, les coquilles Saint-Jacques, les moules, les huîtres, les coques, etc., délicieux à déguster tels quels ou plus savamment accommodés comme la marmite dieppoise (soupe qui est un plat unique) ou la sole normande... dont la recette compliquée fut créée à Paris, mais très rapidement adoptée par les restaurateurs normands !

Pays de vaches laitières, la Normandie n'en est pas moins un pays de viande de boucherie, veaux de Haute-Normandie notamment, dont on prise particulièrement la tête et le jarret, mais qu'on prépare aussi en blanquette — crème oblige —, ou encore agneaux de pré salé du Cotentin, qui donnent de somptueux gigots.

Beaucoup d'abats également (andouille de Vire, tripes à la mode de Caen, boudin noir de Mortagne), mais aussi de volailles, particulièrement les canards rouennais, les oies blanches d'Alençon, voire de simples poulets « vallée d'Auge », c'est-à-dire préparés au cidre, au calvados, à la crème et aux pommes !

Doux et pluvieux, le climat se révèle propice aux primeurs (carottes de Créances, radis de Gournay, choux-fleurs de Barfleur, poireaux, salsifis, etc.) et bien sûr aux arbres fruitiers (pommes à cidre ou à couteau, cerises).

Fromages & Desserts

Qui dit lait et crème dit fromages ; il n'en manque donc pas en Normandie, où le plus connu est certes le camembert, escorté tout de même par le livarot, le pont-l'évêque, le pavé d'Auge, le neufchâtel... et quelques autres moins connus, mais tout aussi savoureux !

Terminons par les pâtisseries au beurre (brioche, fouaces, mirlitons et galettes) et les desserts rustiques aux pommes (tartes, douillons, rabottes, bourdelots... et même sucre de pomme à Roven...). Omniprésence de la pomme, qui fait du cidre la boisson normande par excellence sans oublier le calvados, pris en digestif à la fin du repas, mais aussi en son milieu... en trou normand !

Bretagne

Région à forte identité, assez imperméable aux influences extérieures — sans doute parce que historiquement rattachée très tard à la France, mais aussi parce que géographiquement boutée vers le Nouveau Monde, à la pointe occidentale du continent européen —, la Bretagne est une terre sauvage, tant par les côtes déchiquetées et fouettées d'embruns qui crantent sa presqu'île sur plus de 1 100 km (3 500 si l'on compte les rias et les îles) que par ses landes intérieures, qu'un généreux poudroiement de blocs granitiques, d'églises, d'enclos paroissiaux, d'ossuaires et de calvaires rend plus mélancoliques encore, surtout par les jours de crachin.
Pourtant, l'Armor (ou Arvor) — le pays de la mer — et l'Arcoat (ou Argoat) — le pays de la terre — se complètent plus qu'ils ne s'affrontent, car ici l'on naît, et l'on est, avant tout breton.
La cuisine est à l'image de cette terre presque austère, fortement typée mais frugale car sans fioritures, se contentant de ce qu'elle pêche ou de ce qu'elle produit, ce qui n'est déjà pas si mal !

Plats

Ainsi, bien évidemment, la mer constitue pour la Bretagne un grand vivier naturel, et la cuisine bretonne — de ménage ou de restauration — est sûrement la plus iodée de France ! L'inventaire est impossible à faire, mais citons tout de même les huîtres (de Cancale, de Prat-Ar-Coum et de Riec-sur-Belon), les moules de bouchot, les praires, les coques, les palourdes, les crevettes grises et les bouquets, les superbes tourteaux et araignées, les étrilles, les langoustines, les fameux homards « bleus » bretons, les coquilles Saint-Jacques, les ormeaux et autres bigorneaux, ainsi que les seiches, les sardines d'Audierne et les maquereaux de Saint-Brieuc et de Douarnenez (dont on fait aussi des conserves), les congres (pièce maîtresse des soupes telle que la cotriade), les bars et lieus de ligne, les rougets barbets, les thons de Concarneau (conserverie également), etc.

Sans oublier bien sûr la morue, très implantée dans la gastronomie locale depuis l'époque des Terre-Neuvas (qui prenaient la mer à Cancale et à Saint-Malo), et que l'on accommode souvent aux épices, notamment le curry, appelé ici cari à la paimpolaise ou kari à la morbihannaise, recettes héritées du temps où Lorient — qui s'écrivait d'ailleurs l'Orient — affrétait des bateaux vers les comptoirs indiens.

Soupes & Légumes

Terre paysanne, la Bretagne aime également les légumes, et par conséquent les soupes, qui — quand elles ne sont pas de poissons ou d'étrilles — sont aux bricolins (pousses de choux à vache, ou choux fourragers), aux haricots, aux marrons, au chou-fleur, au sarrasin (blé noir) et au lait.

Mais les légumes poussant particulièrement bien sous le climat océanique de la Bretagne, on en mange également beaucoup en plat ou en garniture : pommes de terre tout d'abord (au lard et aux oignons, en gâteau au lait ribot), artichauts camus du Léon, choux (au lard, aux châtaignes, en potée) et choux-fleurs (au gratin, à la vinaigrette et aux crevettes), endives de Kerlouan, oignons et échalotes.

Viandes

À l'étal du boucher, peu de viandes primitivement — on est en pays pauvre —, excepté le porc (pour le lard, omniprésent, et pour les potées), les veaux de haute Bretagne et les agneaux de pré salé (autrefois réservés aux jours de fête), mais en revanche beaucoup de charcuteries et d'abats : gros pâté breton cuit en plat sabot, lard salé ou fumé, saucisses, andouille de Guéméné, casse rennaisse (plat de fressure), chotenn-bigouden (tête de porc cuite au bouillon), graisse de Cornouaille, tripes de Vannes aux poireaux et au cidre ou de Gourin aux pruneaux.
Également pas mal de volailles, dont les fameux poussins et poulardes de Janzé, des pigeons, des canards, et des lapins de garenne.
À tout cela, il faut encore — et peut-être surtout — ajouter le beurre demi-sel, indispensable ingrédient de la cuisine bretonne, la bouillie d'avoine, qui se déguste simplement arrosée de lait ribot, et bien sûr le blé noir (sarrasin), dont on fait des soupes, des galettes (aujourd'hui fourrées à tout ce que l'on veut, mais qui servaient autrefois de pain, et que l'on mangeait surtout avec de la saucisse et des œufs), et des farz, ces bouillies cuites en sacs de toile dans le bouillon du pot-au-feu, en même temps que les viandes et les légumes (kig-ha-farz).

Fromages & Desserts

Pays autrefois pauvre, la Bretagne compte peu de desserts, si ce n'est le far foin (« cuit au four ») aux pruneaux, et le kouign aman (« gâteau au beurre »), mais elle s'enorgueillit tout de même des très réputées crêpes de froment, des crêpes dentelle quimpéroises et des galettes bretonnes de Pont-Aven, ainsi que des fraises de Plougastel (dont on fait de la liqueur) et des marrons de Redon.
Et comme boissons, pas de vignobles donc pas de vins, mais du lait, du cidre, de l'hydromel (appelé respectivement chouchen en basse Bretagne et chamillard en haute Bretagne) et du lambig (eau-de-vie de cidre), qui doit son nom à la déformation du mot... alambic !

PAYS DE LA LOIRE

Pays nantais - Anjou - Maine - Touraine

Région administrative composée d'une mosaïque de petits terroirs plutôt que région à l'identité nettement marquée, les Pays de la Loire ont une cuisine à l'image de cette hétérogénéité, c'est-à-dire faite d'éléments disparates... ce qui n'exclut évidemment pas le moins du monde la gourmandise !

Le pays nantais

Mettons tout de suite en exergue le pays nantais, qui se rattache à la Bretagne historiquement — mais pas géographiquement — et dont la cuisine est surtout une cuisine de produits de la mer, poissons et coquillages du littoral bien sûr, mais aussi d'eau douce puisque c'est à Nantes que la Loire vient se jeter dans l'Océan.

Plats

Ainsi, si les coques du Croisic, les huîtres et les moules de bouchot sont très appréciées, il en est de même des poissons de la Loire et des autres cours d'eau (saumons, brochets) que l'on prise tout particulièrement au beurre blanc (réduction d'échalotes grises au vinaigre montée au beurre), ainsi que des poissons d'eau de mer qui remontent en eau douce comme les aloses et les anguilles, ces dernières grouillant notamment dans les marais de grande Brière.

On aime aussi les civelles, alevins d'anguille qui valent leur pesant d'or. Citons enfin le sel des marais salants de Guérande, dont la réputation n'est plus à faire et, pour l'anecdote,la salicorne, plante des rivages marins que l'on prépare en condiment.

On se régale de volailles (surtout de canards nantais) et de gibier d'eau, sans oublier les grenouilles des zones marécageuses, le lard nantais et le gras-double, les carottes et la mâche nantaises, le fromage curé nantais, et bien sûr les petits-beurres, le gâteau nantais aux amandes, la fouace nantaise... et le tapioca, produit à base d'amidon provenant de manioc traité uniquement à Nantes !

Vins

Mais le pays nantais, ce sont surtout des vignobles produisant les fameux muscadet et gros-plant, vins blancs secs parfaits pour accompagner poissons et fruits de mer, certains crus étant dits « sur lie » quand le moût subsiste encore au fond de la cuve au moment de la mise en bouteilles.

Anjou, Maine et Touraine

Éloignons-nous un peu de la côte... Et voici qu'Anjou, Maine et Touraine nous invitent par leur climat privilégié et leur lumière particulière, mais aussi par leurs paysages de tendres vallons, de cours d'eau qui serpentent paresseusement à travers les bocages et de vallées peignées « à la française » tant les cultures y sont superbement ordonnancées, à ce qu'on a coutume d'appeler la douceur angevine.

Plats

Car, d'Angers à Tours, on se promène ici dans un grand jardin, tour à tour potager ou verger, où les asperges du Val de Loire, la cornette (scarole) d'Anjou, les fèves, les cardons, les haricots verts, les petits oignons grelots et tant d'autres cultures maraîchères le disputent aux fruits (fraises, pommes reinettes et goldens, poires Williams, abricots, reines-claudes...), sans oublier les champignons, cultivés dans les profondes carrières creusées dans les falaises calcaires qui longent la Loire. Et accordons une mention toute spéciale à la reinette du Mans, qui fait la gloire du Maine.

Les grasses prairies fournissent aussi cette herbe verte qui régale bovins, ovins et porcins avec lesquels on fait de nombreuses spécialités locales, car on est ici très friand de charcuteries et d'abats : rillettes de la Sarthe, rillettes de Tours, rillettes d'Angers, rillauds d'Anjou, rillons tourangeaux, rillée d'oie, pâtés, boudins blancs, boudins noirs et gogues (gros boudins aux épinards, aux feuilles de bettes et à l'oseille), tripes, gras-double, langue de bœuf de Cholet, beuchelle tourangelle (tourte de rognons et de ris de veau aux champignons), pour n'en citer que quelques-unes.

Terres d'élevage, Maine et Anjou produisent de belles viandes, mais c'est surtout le veau (et notamment le cul de veau) qui remporte tous les suffrages, surtout quand il est préparé à la crème. Au cœur de ces vertes prairies, les

rivières offrent de belles prises, anguilles (en bouillature, en matelote), aloses (à l'oseille), perches (aux champignons et au vin blanc) et brochets, qu'on aime ici en sauce verte (Touraine) mais aussi au beurre blanc, à cette différence près qu'en Anjou le beurre blanc est crémé, ce qui ne manque pas de susciter moult querelles entre Nantais et Angevins !
Mais Maine, Anjou et Touraine sont surtout la patrie des volailles : poulets « cou-nu » de Loué, oies de Segré (farcies, au vin rouge, en ragoût, aux navets ou aux châtaignes), poulardes (à l'angevine, à la crème et aux champignons), canards (aux oignons, aux échalotes ou aux noisettes, voire au vouvray ou au bourgueil de Touraine).
Terminons par une salade assaisonnée à l'huile de noix et par quelques fromages de chèvre (sainte-maure en Touraine) ou un crémet d'Anjou, le port-salut autrefois fabriqué par les moines trappistes d'Entrammes étant hélas fabriqué industriellement aujourd'hui. Beaucoup de desserts enfin, surtout aux fruits : tartes aux pommes ou au potiron, poires au vin, pommes en pâte, pâtés angevins aux prunes, brioches, bijane (pain séché au four trempé dans du vin) aux fraises et soupe dorée (pain perdu).

Vins

Pour arroser le tout, profitons d'un vignoble exceptionnel, puisque l'Anjou propose le saumur-champigny (rouge), d'agréables rosés et de superbes blancs comme les savennières, coulée-de-serrant et roche-aux-moines pour les secs et demi-secs, et les grands crus des coteaux du Layon, le bonnezeaux et le quart-de-chaume en moelleux.
Quant à la Touraine, elle est truffée de caves troglodytiques où vieillissent les dives bouteilles : blancs de Vouvray, rouges de Chinon, de Bourgueil ou de Saint-Nicolas-de-Bourgueil...

Centre

Sologne - Orléanais - Gâtinais - Berry

Nichée au cœur de la France, cette région discrète que de profondes et giboyeuses forêts et des marais embrumés rendent encore plus mystérieuse — mais n'est-on pas ici au pays des légendes et des fées, voire de la sorcellerie ? — ne manque certes pas de charme bien qu'un peu repliée sur elle-même. Constituée en son centre des plateaux calcaires de la Champagne berrichonne, voués aux céréales, elle est frangée au nord-ouest par l'épaisse toison de la Sologne, à l'ouest par les landes et les marais de la Brenne, troués d'étangs poissonneux, au sud par les bocages touffus du Boischaut, terre secrète chère à George Sand où se cachent aujourd'hui encore tant de jolies maisons, bordée à l'est par les vignobles du Sancerrois, et au nord-est enfin, par la paisible campagne du Val de Loire, éperonnée par celle, un peu moins domptée, du Gâtinais. Province secrète donc, mais où l'on aime particulièrement manger et où l'on prépare une cuisine beaucoup plus raffinée qu'il n'y semble au premier abord.

Plat.

Certes, la cuisine de terroir est celle des pays pauvres, c'est-à-dire à base de produits rustiques (chou, lard, oignons, citrouille, châtaignes...) qu'on associe dans des plats roboratifs et nourrissants qui ne manquent pas de caractère, soupes notamment (le Berrichon est très « soupier »), mais aussi tartes aux légumes (citrouillat, pâté de Berrichon aux pommes de terre, truffiat aux pommes de terre), boudin aux oignons, à la crème ou aux châtaignes, pot-au-feu berriaud, capable de sustenter les plus solides appétits (composé de bœuf, de mouton, de veau, de poule, de canard, de saucisson), potée aux lentilles vertes (tout aussi copieusement garnie), gigot de sept heures (parce que longuement braisé), coq en barbouille, poulet aux noix ou aux châtaignes, fricassée de poulet à la crème, canard aux oignons, canard farci aux pommes de terre, lapin farci aux marrons et aux pruneaux (très beaux lapins du Gâtinais), ainsi que quelques robustes desserts : flans, poirats, gouères, sanciaux (crêpes épaisses) et tortiaux (galettes frites à la poêle), et la délicieuse tarte Tatin, « inventée » par accident à La Motte-Beuvron par une demoiselle du même nom.

Cependant le contexte géographique, c'est-à-dire la profusion de pièces et cours d'eau d'une part, et de forêts et de marécages d'autre part, a permis d'améliorer l'ordinaire par bien des raffinements. Peu de régions, en effet, offrent une gamme aussi large de poissons d'eau douce, de gibier d'eau, de petit gibier et de venaison.

Le Centre se régale donc aussi d'anguilles (à la berrichonne : en blanquette à l'huile de noix et aux noix, ou à la solognote : au vin blanc et à la crème), de carpe (farcie à l'ancienne, aux noix, au lard ou à la Chambord), de brochets (aux orties et au vin rouge, au vinaigre, à la sauce orléanaise ou au safran), de saumons (piqués de lardons et cuits avec des échalotes et du vinaigre), de matelotes de poissons divers, d'écrevisses au poivre ou de cuisses de grenouille (panées et sautées à la poêle ou en civet).

Mais c'est surtout à la saison de la chasse que le répertoire de cette province s'épanouit. En effet, lapins de garenne (en rillettes, en pâté, à la crème, en pot-au-feu), lièvres (en pâté, à la crème, à la moutarde, en daube), faisans (en barbouille), cailles (à la feuille de vigne), chevreuils (côtelettes à la purée de céleri), marcassins (en civet), et autrefois bécassines (rôties à la crème) ou alouettes (confites) sont autant de gâteries qui transfigurent alors le quotidien !

Fromages & Desserts

En outre, ici point de repas sans fromage : chèvre de Selles-sur-Cher, olivet, pyramide de Valençay, crottin de Chavignol, pouligny-saint-pierre... mais aussi fromage blanc, qu'on consomme au début (avec des herbes, du sel et du poivre) ou à la fin (avec du sucre et des fruits) du repas. En cave, le sancerre a bonne réputation et les petits vins de Quincy, Reuilly, Menetou-Salon et Châteaumaillant sont parfaits pour accompagner la généreuse cuisine du pays.

Citons encore quelques spécialités : vinaigre et moutarde d'Orléans, safran du Gâtinais, avant de terminer par quelques « lichouneries » (autrement dit gourmandises) : fraises du Val de Loire, reines-claudes, coings (avec lesquels on prépare le réputé cotignac d'Orléans), miel du Gâtinais (surtout de sainfoin et de luzerne), et confiture de gratte-cul (fruit de l'églantier) berrichonne.

Champagne-Ardenne

Sans véritable unité géographique puisque composée au nord-est des reliefs de l'Argonne, — tapissés de sombres frondaisons et entaillés de belles vallées sinueuses comme celle de la Meuse —, à l'est et au sud de collines et de vallons qui s'adossent respectivement à la Lorraine et à la Bourgogne, tandis que les coteaux calcaires de l'ancienne Champagne pouilleuse — aujourd'hui couverts de vignobles — occupent le reste des terres, la région Champagne-Ardenne peut se prévaloir d'un même passé historique : en raison de sa position de « marche » vers la Belgique wallonne, son sol a de tout temps été martelé par les combats.
Ce sol à multiples facettes donne également un caractère composite à la cuisine de cette région, qui s'enorgueillit des caves les plus somptueuses du monde puisque garnies d'un joyau connu du monde entier : le vin de Champagne.

Plats

Pour se mettre en bouche, on commence ici par quelques soupes comme la soupe ardennaise (au lait et aux croûtons), la soupe aux poireaux et aux pommes de terre ou la potée champenoise (véritable plat complet comprenant du jambon, du lard, de la poule, du saucisson...). Amateur de charcuteries et d'abats, le Champenois apprécie tout particulièrement les petits pâtés au godiveau (farce à la viande ou au poisson), le jambon de Reims (désossé, cuit et moulé), le pâté Pantin (en pâte), le pâté dit du sacre (pigeon en croûte), l'andouille aux pois cassés, les andouillettes de Troyes, les boudins blancs de Rethel, les pieds de cochon de Sainte-Menehould et la tarte aux cretons (lardons) tandis que l'Ardennais préfère les pâtés de lapin, les rillettes de sanglier et le jambon cru des Ardennes, fumé au genêt.
Dans les Ardennes, le porc a pour rival le sanglier : on le braise au vin, on fume ses jambons, on prépare sa tête en hure, on en fait des pâtés de rillettes. D'autres gros gibiers abondent d'ailleurs dans les forêts des Ardennes, tels le marcassin ou le chevreuil (aux câpres), mais également les lièvres et les garennes. Ce qui n'empêche pas d'appécier les volailles souvent cuisinées au vin : poularde (au champagne), coq (au bouzy), oie (à la farce champenoise).
Les sols rebelles d'autrefois ont été domptés et transformés en vignobles que l'on sait, mais aussi en jardins cultivés qui regorgent de légumes : carottes de Châlons-en-Champagne, pommes de terre, radis, salades, choux, haricots, petits pois, poireaux, oignons de Givet, etc., tant et si bien que plusieurs légumes sont souvent proposés en garniture, parfois même escortés de quelques champignons (mousserons, pieds-de-mouton, morilles) venus des forêts. Et, pour relever le tout, citons la moutarde à l'ancienne, préparée au vin de Champagne à Reims et à Épernay.

Fromages & Desserts

Enfin, la région champenoise a plusieurs fromages dans sa besace : onctueux chaource, fromage de Langres à croûte orangée, cendré de Champagne, cendré d'Argonne et rocroi cendré des Ardennes. En revanche, peu de desserts, exception faite des fruits des vergers (fraises, cerises, framboises, prunes, noix de Saint-Gilles, melons de Châlons) et des fameux biscuits roses de Reims.

LORRAINE

Ecartelée par l'Histoire, déchirée par les guerres, la Lorraine est une terre de grands espaces ruraux où la nature semble toujours reprendre le dessus. Aussi, malgré les heurts et les malheurs, cette province offre-t-elle une majorité de paysages paisibles, qu'il s'agisse du plateau lorrain — creusé par les douces vallées de la Meuse et de la Moselle — ou, au sud-est, du relief plus accidenté des Vosges, formées de ballons couverts de forêts de sapins qui bleuissent l'horizon, d'où la fameuse ligne bleue des Vosges. Bien sûr, le bassin sidérurgique qui hachure la frontière au nord et des sites comme Verdun ou Douaumont ponctuent tristement cette belle nature ; cependant, la Lorraine donne une image assez homogène et harmonieuse jusque dans sa cuisine, essentiellement à base de lard, d'œufs et de crème, ingrédients qui trouvent leur parfaite synthèse dans un plat emblématique : la quiche lorraine.

Plats

Cuisine paysanne qui aime les soupes : soupe au lard et potée bien sûr, mais encore soupes au jambon fumé, au boudin, à l'oignon et au lard, à la farine, aux orties, aux légumes, aux grenouilles, etc.
Beaucoup d'entrées aux œufs également, et pas seulement la quiche : ramequins messins, omelettes (lorraine, aux grenouilles), œufs à l'escargot. Les poissons de rivière ont une place tout à fait honorable sur la table lorraine : matelotes, brochets, truites, carpes, brêmes et goujons, ainsi que grenouilles et écrevisses, la plupart cuisinés à la crème.
On apprécie aussi énormement le cochon de lait (farci en gelée), le jambon (au foin, fumé, en croûte), les saucisses (fumées), le boudin de Nancy, les andouillettes de Lunéville et le fromage de tête de Vaucouleurs. Les bovins sont plutôt destinés à la production de produits laitiers, ce qui n'empêche pas d'apprécier les veaux (la tête de veau est une spécialité de Rambervillers).
Les légumes ne sont pas à négliger : primeurs et salsifis de Lunéville, radis, salades, carottes de Toul, endives de Marly-lès-Metz, petits pois et asperges de Moselle, chou rouge, betteraves, et bien sûr les pommes de terre (en crêpes, au roncin avec du fromage blanc, à la chaude meurotte avec des pissenlits, en boulettes, en galettes, etc.).

Fromages & Desserts

La Lorraine aimant beaucoup les produits laitiers puisqu'elle cuisine essentiellement au beurre et à la crème, on y trouve aussi quelques excellents fromages, surtout le géromé des Vosges (genre de munster) et le carré de l'Est industriel. Pour la fin du repas, on se régalera tout autant de desserts crémeux que de gâteaux secs. Parmi les plus connus, citons la tarte aux mirabelles, le baba de Nancy (inventé par Stanislas Leszczynski, beau-père de Louis XV), les madeleines de Commercy, etc., sans oublier les fruits produits dans la région (mirabelles, fraises, cassis, pommes, poires) et deux gourmandises réputées : les confitures de groseilles sans pépins (parce qu'épépinées à la main à l'aide d'une plume d'oie) de Bar-le-Duc, et les bergamotes de Nancy.
Peu de vignobles, malgré le gris de Toul et quelques vins de Moselle, des brasseries, et beaucoup d'eaux-de-vie de fruits, de mirabelle tout particulièrement.

Alsace

Bien que tiraillée entre France et Allemagne en raison de sa position convoitée de couloir (puisqu'elle se confond avec le sillon rhodanien), entre Europe du Nord et pays méditerranéens, l'Alsace a néanmoins un personnalité si affirmée que ni les nombreux passages sur son sol ni les guerres dévastatrices n'ont réussi à lui faire perdre son identité. Ainsi ses paysages typiques de vallons verdoyants où s'éparpillent, entre vignobles et forêts, de pimpants villages aux jolies maisons à pignons et à colombages, blanches et très fleuries, sont-ils reconnaissables entre tous, dégageant une impression d'originalité et de gaieté qui se retrouve partout, y compris dans la cuisine.

Plats

On n'y dédaigne pas la soupe pour commencer. Soupe qui peut être aux abattis d'oie, aux grenouilles, à la bière, aux jets de houblon, aux cerises, à l'orge perlé, au chou rouge, aux quenelles de moelle, voire un pot-au-feu relevé d'une sauce au raifort.
La charcuterie et les cochonnailles sont évidemment à l'honneur, ne serait-ce que pour agrémenter la somptueuse choucroute alsacienne, plat emblématique qui connaît de nombreuses variantes d'une ville à l'autre, d'une cuisinière à l'autre, et qui, bien que ralliant tous les suffrages, ne serait pas si authentique que cela puisque arrivé en Alsace via l'Allemagne, mais aussitôt adopté. Et sublimé ! Ainsi, outre le chou et les pommes de terre, la choucroute peut se composer de diverses saucisses, de porc fumé (lard, côtelettes, palette), de jarret de porc demi-sel, d'oie fumée, de graisse d'oie, d'oignons, de navets en saumure, etc. On aime aussi la saucisse de langue, la langue de bœuf fumée, le cervelas et les saucisses, que l'on mange même en salade !
Encore plus traditionnel, le bäckeoffe est un plat composé de trois viandes (porc, bœuf, mouton), de pommes de terre et d'oignons qui mijote longuement dans sa cocotte en terre vernissée.
Le porc et la panoplie des charcuteries sont presque concurrencés par l'oie dans la gastronomie alsacienne, cette volaille étant particulièrement appréciée les jours de fête, non seulement pour son foie gras — c'est en Alsace qu'aurait été inventé le pâté de foie gras en croûte — mais aussi farcie, aux pommes, aux oignons et aux châtaignes. On consomme aussi sa poitrine, fumée, et sa graisse, pour cuisiner.

Fromages & Desserts

Un seul fromage, mais de choix : le munster, qu'on a coutume de servir avec des graines de carvi. Et pour terminer le repas, une profusion de desserts : kougelhopf, tarte aux fruits, tarte au fromage blanc, strudel, beignets à la confiture, pains d'épice et autres gourmandises, sans oublier les viennoiseries de type bretzels.
Des bières de bonne tradition et des vins somptueux sont en parfaite adéquation avec la cuisine : riesling, sylvaner, gewurztraminer, tokay ou pinot gris, pinot noir, klevner ou pinot blanc, edelzwicker, zurcker, crémant d'Alsace.
Et, pour la digestion, une gamme d'eaux-de-vie de fruits très étendue : kirsch, quetsche, framboise, poire williams, prunelle sauvage, et d'autres plus insolites encore (au cumin), sans oublier l'excellent marc de gewurztraminer !

Franche-Comté

Région correspondant au massif montagneux du jura, la Franche-Comté est une terre de richesses naturelles qui ne fut pas épargnée par les guerres, mais dont le fier tempérament subit d'autant moins d'influences — surtout sur le plan culinaire — qu'elle possède en son giron tous les ingrédients susceptibles de préparer une cuisine autarcique, mais néanmoins variée. En effet, tout se trouve sur place ou presque, même le sel, les sources salées jaillissant à flanc de coteau ayant longtemps été exploitées en salines, ce qui n'était pas la moindre des ressources locales !

Plats

Les nombreux cours d'eau, rivières, torrents et lacs de montagne apportent sur la table comtoise des carpes (grillées), des brochets (à la crème, en quenelles, en ramequins), des truites (aux noisettes, à la crème), des tanches (au beurre), des barbeaux, des ombles, des anguilles, des écrevisses (à la crème, aux nouilles et au vin jaune), à déguster séparément ou bien en « pochouse » (matelote au vin blanc d'origine bourguignonne) ou en meurette comtoise (matelote au vin rouge), qui les réunissent presque tous.
Dans les plaines, on cultive les céréales, en particulier le maïs, dont on fait les « gaudes », une sorte de bouillie de farine de maïs et d'œufs à la crème qui fait les délices des Francs-Comtois. Les gaudes peuvent aussi se griller pour agrémenter la soupe au lard.
En altitude, les pâturages accueillent un cheptel bovin de qualité, élevé pour ses veaux, viande de boucherie très prisée localement (soupe de gruau au jarret de veau, côtes aux poireaux, escalopes farcies, cul de veau à la comtoise), son bœuf, essentiellement pour le « brési » (viande salée et fumée à la manière de la viande des Grisons), mais surtout pour le lait et les produits laitiers, notamment la crème Chaque ferme a également son porc, car le Comtois est grand amateur de charcuteries, qu'il apprécie surtout fumées au bois de sapin et de genévrier des forêts avoisinantes. Porc fumé pour la potée, mais aussi charcuterie de Montbéliard (saucisses renommées), jésus de Morteau (gros saucisson), saucisse au carvi de Montbozon, jambon de Luxeuil et Vesoul, langue fourrée de Besançon.
Qui dit ferme dit basse-cour, aussi apprécie-t-on ici tout particulièrement le poulet et le coq (à la crème, aux morilles, au vin jaune d'Artois, etc.). Les forêts fournissent grives et lièvres (en civet, à la crème), et surtout les champignons sauvages, morilles en tête, mais aussi chanterelles, russules et pieds-de-mouton.

Fromages & Desserts

La Franche-Comté est généreuse en fromages : le comté bien sûr, mais aussi bleu de Septmoncel, vacherin mont-d'or et insolite cancaillote, crème de fromage de vache qui se fait fondre avec ail et vin ! Pâtisseries très rustiques au dessert, à base de fruits du pays (gâteau à la citrouille, roncin aux cerises) ou fruits sauvages des forêts de montagne : framboises, fraises des bois, myrtilles, airelles...
Enfin, les coteaux de Franche-Comté portent des vignobles très estimés produisant — cas unique au monde — cinq types de vins : blancs, jaunes (dont le très réputé château-chalon), rosés (de Pupillin), rouges (vins d'Arbois), et vins de paille.

Vendée - Poitou-Charentes

La Vendée est une région particulièrement gourmande dont la cuisine conjugue harmonieusement produits de la mer et produits de la terre. Du front atlantique aux côtes sablonneuses viennent bien évidemment les huîtres creuses de Vendée atlantique, les moules de bouchot de l'anse de l'Aiguillon, les langoustes de l'île d'Yeu, les soles des Sables-d'Olonne, les civelles du Marais poitevin, les sardines de la rade des Sables et de Saint-Gilles-Croix-de-Vie, le thon blanc germon de l'île d'Yeu, et bien sûr le sel de mer, la salicorne et les pommes de terre de Noirmoutier !

La Vendée

Entre mer et terre, les zones paludéennes permettent l'élevage d'agneaux de pré salé et de bovins de race maraîchère, tandis que l'arrière-pays, couvert de bocages et de douces collines, accueille depuis plus d'un siècle des bovins blancs de race charolaise, des porcins (avec lesquels on fait le fameux jambon de Vendée, la fressure et les grillons), mais aussi des volailles de très belle qualité (canards de Challans, mais aussi poulets noirs, chapons et pintades) et de nombreuses cultures maraîchères parmi lesquelles citons notamment les choux — n'appelle-t-on pas les Vendéens « chouans » ou « ventres à choux » ? —, les mojettes (haricots blancs en grains qu'accompagnent si bien le jambon et le gigot), les fèves et les potirons.

Pays d'élevage, la Vendée produit du lait, et donc du beurre (salé au sel de Noirmoutier) et de la crème (qui agrémente les mojettes avec bonheur), mais peu de fromages, exception faite des caillebottes, petits fromages frais qui sont à la fois fromage et dessert.

Les desserts sont assez rustiques dans l'ensemble, mais néanmoins savoureux : brioche vendéenne, gâche, merice de l'île d'Yeu, semoule de millet, beignets divers (fourimassons, bottereaux, tourtisseaux) et échaudés.

Le tout s'arrose des vins produits dans les vignobles des fiefs vendéens : Mareuil, Pissotte, Vix et Brem.

Poitou et Charentes

Poitou et Charentes ont une gastronomie qui s'apparente à celle de la Vendée, avec un éventail plus large de produits de la mer pour l'Aunis et la Saintonge — qui se succèdent jusqu'à l'estuaire de la Gironde sur la façade atlantique — et une cuisine plus élaborée pour le Poitou et l'Angoumois, notamment parce que le seuil du Poitou fut de tout temps un axe de passage pour les armées, les pèlerins et les marchands, se révélant donc perméable aux influences, y compris culinaires.

Poissons

Venus des eaux, océanes, douces ou saumâtres (puisque le Marais poitevin couvre une bonne partie de l'Aunis), citons pêle-mêle les anguilles dont on est ici très friand (de même que de leurs alevins ou civelles, dites ici pibales), les huîtres de claires Marennes-Oléron, les moules de bouchot (avec lesquelles on prépare l'éclade et la mouclade), les coques (dites sourdons), les palourdes, les lavignons, les pétoncles, les chevrettes (petites crevettes vivant dans les claires, c'est-à-dire dans les bassins d'élevage des huîtres), les boucs (crevettes grises de Port-des-Barques), les casserons (petites seiches dont on raffole en Saintonge), les céteaux (sorte de soles miniatures), les raiteaux (petites raies), les sardines de Royan, les mévilles (mulets) de la presqu'île d'Arvert, les bars de ligne, les carpes d'étang, les tanches (à la poitevine), bref un fonds aquatique d'une très grande richesse, sans oublier le caviar de Gironde, qui fit autrefois les délices des Charentais.

Une place tout à fait privilégiée doit être accordée ici aux escargots, petits-gris des vignes baptisés lumas en Aunis et cagouilles en Saintonge, si prisés que les Charentais sont surnommés cagouillards! On les prépare au vin blanc et au jambon à la charentaise, au vin rouge et à la chair à saucisse à la saintongeaise, au vin rouge et aux grillons de porc à la poitevine, au vin rouge et à l'ail en Aunis. et même en pot-au-feu en Saintonge !

Viandes

Au rayon charcuterie, les porcs fournissent le boudin noir du Poitou, dans lequel entrent du pain et de la semoule, le fagot charentais (filet mignon entouré d'une crépine, qui se déguste froid), les grillons charentais et les gros grillons de la Vienne, la fressure poitevine (spécialité à base de porc et de vin rouge), le gigourit (à base de tête de porc), le ratis charentais (fraise de porc), le pâté de Pâques (en pâte, à la farce de porc et de veau) et les tripes angoumoises.

À l'étal du boucher, les agneaux de Poitou-Charentes (qui broutent en plein air), et ceux de pré salé sont à l'honneur, mais on trouve aussi des bovins de race parthenaise (surtout élevés pour leur lait, qui permet de fabriquer un beurre de grande qualité, notamment celui d'Échiré), du veau de Chalais à chair blanche et du chevreau, dont on estime la viande (cul de bicot rôti à l'ail) bien que les troupeaux, très nombreux en Poitou, soient plutôt destinés à la production laitière, et donc à la fabrication des fromages.

Les volailles ne sont pas en reste, à commencer par l'oie blanche du Poitou (compote d'oie poitevine), les poules et les œufs de Marans, les chapons de Barbezieux, les coqs (fricassée de jaud au cognac), les poulets (tourtière poitevine), les pigeons (aux herbillettes), les lapins et les lièvres (à la sauce rousse du Poitou, à la royale).

Les jardins potagers donnent beaucoup de légumes : mojettes en tête, mais aussi choux (embeurrée) et piochons (pousses de chou), pommes de terre nouvelles (primes) de l'île de Ré, châtaignes de la Vienne ou nouzillards, betteraves crapaudines, poireaux jaunes gros du Poitou (pain de porée), oignons rouges de Niort, échalotes (cuisses de poulet) du Poitou.

Fromages & Desserts

Peu de fromages en Aunis et Saintonge, à l'exception de la jonchée (fromage frais de vache) et de la pigouille de Marans, mais une importante production poitevine de fromages de chèvre : chabichou, bougon, nothais (entouré de feuilles de châtaignier ou de platane).

Pour terminer, quelques desserts rustiques : broyé de Poitou, galette charentaise à l'angélique de Niort, gâteau saintongeais aux amandes, grimolle, bottereaux au cognac, tourteau fromagé de Poitou et gâteaux poitevins au miel.

Enfin, peu de vins, mais deux produits phares pour les Charentes : le pineau, et bien sûr le cognac.

Limousin - Marche

Terres pauvres aux hivers rigoureux, où les paysages sont restés d'autant plus sauvages qu'ils ont été désertés par les hommes — ce qui leur confère d'ailleurs une austère beauté —, le Limousin et la Marche ont une cuisine qui se contente d'exploiter les ressources locales, avec d'autant moins d'apports extérieurs qu'elles ont longtempsété isolées par manque de voies de communication. Cela donne une cuisine frugale, presque de « glane », qui ne manque pourtant ni de caractère ni de séduction.

Plats

La soupe se prépare avec des ingrédients « solides » : chou, châtaignes, pommes de terre, carottes, poireaux, oignons, lard et céréales (farine de blé, millet, sarrasin, avoine, seigle, ou pain), par exemple la bréjaude (au chou et à la couenne de lard, cette dernière étant autrefois réservée au maître de maison).

Pas de poissons de mer dans ces contrées, mais une multitude de sources, de cours d'eau et de rivières poissonneuses qui permettent de préparer des carpes (au vin blanc ou farcies), des truites (au lard ou aux noix), des brochets (au cidre), des gardèches ou gardons (en omelette), des anguilles (en matelote ou panées) et des écrevisses, citées pour mémoire car en voie de disparition.

Les légumes sont rustiques et cuisinés de manière à servir à eux seuls de plats de résistance. Sont omniprésents la châtaigne, le chou et les pommes de terre (pâtés creusois aux pommes de terre, farcidures de pommes de terre). On aime aussi le chou rouge et la farine de sarrasin (localement appelé blé nègre), dont on fait une autre recette de farcidure en Marche.

Viandes

Comme dans toutes les campagnes reculées, le porc est bien sûr présent sur la table limousine, mais il est ici d'excellente qualité car fermier et souvent nourri aux châtaignes. Il fournit bien entendu l'indispensable lard, mais permet aussi de préparer les potées (potée creusoise), les charcuteries comme les boudins (aux châtaignes surtout), les pâtés (de foie de porc), les saucisses et les andouilles fumées de la Creuse, et bien sûr le jambon de pays.

Le cheptel bovin et ovin de race limousine ainsi que les veaux de Corrèze ont acquis depuis longtemps une réputation exceptionnelle. Localement, on apprécie le ragoût de veau braisé aux marrons, la côte de bœuf à la bellacquaise, la tête de veau et les ris de veau à la crème, mais aussi le gigot de chèvre sauce poivrade et le chevreau persillé en Marche.

La basse-cour propose quelques volailles : poulets (aux cèpes), mais aussi canards (aux cerises noires ou farcis), oies grasses de Brive-la-Gaillarde, et bien sûr œufs. Marche et Limousin sont également généreux en gibier : lapins de garenne (aux noix), lièvres (en cabessal, en civet à la limousine), sangliers et marcassins

Fromages & Desserts

Peu de fromages, à part de la tomme de brebis en Corrèze et du creusois au lait de vache. Pas beaucoup de desserts non plus, à part le clafoutis limousin aux cerises noires, la flognarde (aux pommes, aux poires et aux prunes) et le gâteau creusois aux noisettes. Enfin, pas de vins en Creuse, un curieux vin « paillé » au sud de la Corrèze, et du cidre artisanal.

AUVERGNE - ROUERGUE

Bourbonnais - Velay - Vivarais - Gévaudan

Par Auvergne, on entend généralement la région du Massif central, dont les contours furent maintes fois redessinés historiquement. Ainsi, à la vieille terre des Arvernes de nos ancêtres les Gaulois — qui en constitue le cœur — peut-on encore adjoindre, au nord, le riant Bourbonnais, à l'ouest le plus sévère Velay, lui-même épaulé par le rude et ambigu Vivarais (car également rhodanien et méditerranéen) et au sud le Rouergue et le Gévaudan, qui appartiennent déjà au Languedoc.

Plats

Toutes les régions ont en commun l'amour des soupes roboratives de campagne, à base de chou et de cochonnailles (comme la plantureuse potée auvergnate), le cochon étant ici tellement apprécié qu'on l'appelle « monsieur ». Et on le mange de toutes les façons possibles puisque « dans le cochon tout est bon ! » C'est donc une superbe palette de charcuterie qui nous est proposée : jambons d'Auvergne, petit salé, saucisses, saucissons, saucisses sèches, andouilles du Velay, frittons bourbonnais, caillettes et boudins aux châtaignes du Vivarais, tripes et tripous d'Auvergne et de Rouerge, nelsat, fricandeaux, pieds et oreilles de porc... sans oublier le saindoux, principale matière grasse !
On se régale encore de truites (à l'auvergnate, au vinaigre, farcies), d'anguilles, de saumon (en tourte), d'aloses, d'ombles chevaliers (farcis), de sandres, voire de grenouilles, d'escargots (aux noix), et d'écrevisses (dans le Gévaudan). À ces poissons d'eau douce ajoutons encore la morue sous forme de stockfisch (estofinado à la rouergate). Mais l'Auvergne est surtout terre d'élevage et nourrit l'un des plus beaux cheptels bovins, tant pour le lait et les fromages que pour la viande, notamment avec la race rouge de Salers. Elle accueille aussi moutons et brebis sur ses causses (gigots à la brayaude).
Un peu partout, on élève des volailles (poulets, coqs, canards et oies du Bourbonnais), mais en revanche la chasse se pratique presque exclusivement dans le Vivarais (garennes, lièvres, sangliers, perdreaux, grives, bécasses) et le Rouergue (saupiquet de lièvre rouergat).

Fromages & Desserts

Pour suivre, un superbe plateau de fromages : magnifique cantal (tomme fraîche ou affinée), saint-nectaire et bleu d'Auvergne, auxquels il faut encore ajouter la tomme de Laguiole, le somptueux roquefort du Rouergue (Lozère et Aveyron), ainsi que les picodons et les pélardons du Vivarais. En dessert, quelques fruits : noix, myrtilles, mûres, marrons de l'Ardèche, et de nombreux desserts rustiques : cadet mathieu aux pommes, flognarde, gargouillon bourbonnais aux poires, milliard aux cerises, piquenchâgne aux pommes ou aux poires, etc., sans oublier le miel du Vivarais, souvent de châtaignier, ni les pâtes de fruits de Royat. Les vignobles ayant pratiquement disparu, le chanturgue n'est plus qu'anecdotique, et il faut se contenter de petits crus locaux, mais en revanche le Bourbonnais produit du saint-pourçain plus qu'honorable, et le Vivarais des vins typés très estimés : cornas, saint-péray et saint-joseph.

Bourgogne

(Nivernais, Morvan)

Plaque tournante dont la situation de « seuil » lui valut de jouer un rôle européen dès le Moyen Âge, la Bourgogne a un patrimoine culturel particulièrement riche, que ce soit d'un point de vue historique, artistique... ou culinaire. Il faut dire que les puissants vins de Bourgogne mettent remarquablement en valeur la cuisine de terroir, elle-même souvent préparée au vin. La Bourgogne conjugue en effet plateaux calcaires favorables à la culture de la vigne, prairies humides bénéfiques à l'élevage, et plaines alluvionnées propices aux cultures céréalières et potagères. Paysages reliés entre eux par des forêts pourvoyeuses de gibier et sillonnés par des rivières prodigues en poissons de toutes sortes. Que demander de plus?

Plats

Parmi les soupes, la plus populaire est la potée, mais on apprécie aussi le potage nivernais aux fines herbes, la ribelette de lard à la porée (poireaux), la soupe au vin, ou la soupe aux appétits (herbes).
Les fameux escargots de Bourgogne ouvrent le domaine des entrées, mais il y a aussi la gougère (chou au fromage), les œufs en meurette (pochés au vin), le jambon persillé, les andouillettes au chablis, le saupiquet nivernais (jambon à la crème et au vin), etc.
Ablettes, goujons, carpes (gratinées), brochets (farcis ou en meurette), truites (au court-bouillon ou farcies) et anguilles peuplent les cours d'eau et se préparent souvent en matelote (au vin), la plus célèbre étant sans nul doute la « pochouse » (ou pauchouse) verdunoise au vin blanc. Au sud du Morvan, l'élevage des bovins de race charolaise dans les monts du même nom a acquis depuis longtemps ses lettres de noblesse, faisant de la Saône-et-Loire un département privilégié en la matière. On y mange aussi les plats longuement mijotés, au vin, à la crème ou à la moutarde : bœuf bourguignon, aiguillette de bœuf nivernaise, épaule de mouton en galimafrée, rouelle de veau à la crème, etc., mais pas le moins du monde de « fondue bourguignonne », recette hérétique complètement étrangère à la Bourgogne !

Fromages & Desserts

Le plateau de fromages s'enorgueillit de l'époisses, assez fort en goût, ce qui incite à terminer le repas par quelques douceurs et friandises : tartouillat (gâteau fourré aux fruits), flamous (flan à la courge) ou flamusse (flan aux pommes), gouèron morvandiau aux pommes, mais surtout pain d'épice de Dijon et crème de cassis de Dijon.

Vins

Quant à la cave, elle est somptueuse puisque comptant des centaines de crus, dont certains prestigieux. Citons-en quelques-uns : côtes-de-nuits au nord (vosne-romanée, chambolle-musigny, gevrey-chambertin, morey-saint-denis, clos-de-vougeot, la tâche, nuits-saint-georges), côtes-de-beaune au sud (corton, aloxe-corton, pommard, volnay, santenay, corton-charlemagne, meursault, montrachet, puligny-montrachet, chassagne-montrachet), sans oublier les vins du Mâconnais (pouilly-fuissé, saint-véran), les vins de la côte chalonnaise (givry, mercurey, rully), ni le chablis et l'irancy, au nord.

Pays du Rhône

(Forez, Beaujolais, Lyonnais, Morvan, Bresse, Dombes, Bugey, pays de Gex)

Les pays du Rhône constituent sans doute la région de France à la géographie la plus insolite, puisque s'étirant en langue étroite le long du fleuve pour relier Europe du Nord et pays méditerranéens, épousant ainsi parfaitement le sillon rhodanien, qui était autrefois la voie de communication la plus empruntée. Région particulièrement industrielle entre Lyon et Saint-Étienne, dont les paysages ne laissent aucunement présager l'excellence de sa gastronomie. Cet isthme entre Rhône et Loire est coiffé au nord-ouest par les monts du Beaujolais, eux-mêmes étayés par ceux du Forez à l'ouest, et au nord-est par la Bresse, la Dombes, le pays de Gex et le Bugey, tel un accent circonflexe particulièrement verdoyant et regorgeant de provisions de bouche de toute première qualité.
C'est donc par une curieuse alchimie que le Lyonnais proprement dit — c'est-à-dire Lyon et ses faubourgs — est devenu peu à peu symbole de tradition gourmande, faisant beaucoup son marché chez ses voisins mais transcendant à merveille toutes ces victuailles dans le creuset de ses entrailles. Mais Lyon la prospère n'est-elle pas la ville du mystère et de l'ésotérisme?

Plats

Province où l'on aime tellement manger que s'y est instituée la tradition du mâchon, casse-croûte du matin qu'on prend généralement dans un « bouchon » (bistrot lyonnais) et qui constitue à lui seul un véritable repas... venant s'ajouter aux autres !
Y sont particulièrement à l'honneur les charcuteries lyonnaises, dont les triomphes sont le cervelas aux pistaches (également apprécié en brioche), le saucisson, jésus (plus gros) et la rosette de Lyon, ainsi que quelques plats typiques tels le saladier lyonnais (salade de pieds de mouton, de foies de volaille, d'œufs durs, de harengs et de fines herbes), le gras-double à la lyonnaise, le tablier de sapeur (panse panée à la poêle), le sabodet (gros saucisson de couennes), les andouillettes de fraise de veau, les pieds de mouton, ou la cervelle de canut (fromage blanc à l'ail et aux herbes assaisonné de sel, de poivre, d'huile et de vin blanc ou de vinaigre), et diverses salades de légumes (pommes de terre, lentilles, pissenlits au lard et aux œufs pochés). Le tout arrosé de quelques « pots » (46 cl) de beaujolais !
Les vrais repas — si l'on peut dire — commencent souvent par une soupe : soupe à l'oignon gratinée, consommé à la moelle, soupe de courge à la crème, soupe à la crème d'orge et à l'oseille, soupe au vin, ou soupe « à la jambe de bois » (potée comportant une débauche de viandes, dont un jarret de veau dressé verticalement au moment du service... d'où le nom du plat !).
Ce sont surtout les cours d'eau de la Bresse et les étangs de la Dombes, qui approvisionnent la table lyonnaise en carpes (braisées aux oignons), en brochets (au vin blanc, en quenelles), en petites anguilles et en tanches (poêlées au beurre, en matelote au beaujolais), ainsi qu'en grenouilles (en persillade, en bouillon) et en écrevisses (gratin de queues d'écrevisse, timbale de queues d'écrevisse Nantua, soufflé).

Viandes

La viande rouge est peut-être moins appréciée qu'on ne pourrait le croire au premier abord, en tout cas on ne l'aime pas trop « persillée » et plutôt mijotée (daube, charbonnée, mironton), la grillade n'étant guère prisée que quand elle est dite « des mariniers » (c'est-à-dire avec une sauce au vin, aux oignons, à la moutarde et aux anchois), et le filet de bœuf très apprêté, en « oreiller de la belle Aurore » (clouté de truffes, de pistaches, de champignons et d'olives, piqué de lard gras, plié, mariné et rôti à la broche), par exemple. Les élevages se tiennent principalement dans la plaine et les monts du Forez, élevages bovins mais aussi ovins, caprins (pour les fromages) et bien sûr porcins (pour la charcuterie). Le veau n'est pas dédaigné (rouelle farcie, noix de veau farcie du Bugey aux nouilles, veau en cocotte, côtes à l'oseille), le mouton non plus (gigot de sept heures), mais, de très loin, ce sont les volailles qui ont la faveur des Lyonnais.

Il faut dire que les volailles sont la gloire de la Bresse, région abritée par les contreforts du Jura, dont le climat doux et humide favorise l'agriculture (céréales) et l'élevage des volailles en plein air. Aussi poules, poulardes et chapons à pattes bleues (protégés par une AOC), mais aussi poulets et pigeons ont-ils acquis une réputation justifiée (poularde de Bresse truffée et cuite à la vapeur, poularde en vessie, poularde demi-deuil à la façon de la mère Fillioux, chapon rôti, poulet au vinaigre, poulet célestine, fricassée de poulet à la crème, gâteau de foies blonds sauce Nantua, omelette bressane aux foies de volaille).

Le gibier à poil ou à plume se retrouve également sur la table lyonnaise (râble de lièvre à la crème, salmis de bécasses, perdreaux en cocotte, terrines de grive, de garenne et de lièvre).

Enfin, les légumes ne font pas figure de simple garniture ici car on les aime pour eux-mêmes, notamment l'oignon qu'on retrouve dans bien des plats (soupe, gras-double), et la pomme de terre, dont Stendhal disait que le Lyonnais sait l'accommoder d'au moins vingt-deux manières (galette de pommes de terre et d'oignons, pommes de terre farcies, gratin forézien, crique, matefaims, etc.)! La courge (soupe bressane au portiron), les cardons (gratinés à la moelle), et les pissenlits, encore appelés « dents de lion » ou « groin d'âne », sont également très estimés.

Fromages & Desserts

Le plateau de fromages se compose du bleu de Bresse et du bleu de Gex, des chevrotons du Beaujolais, de la fourme de Montbrison, de la brique du Forez et des rigottes de Condrieu et d'Ampuis. Quant aux desserts, ils se font assez discrets, le Lyonnais ayant la bouche plus salée que sucrée. On se contente donc des myrtilles du Forez et de quelques pâtisseries : bugnes lyonnaises, tarte lyonnaise aux amandes, gâteau de courge, flan forézien aux marrons, corniottes au fromage blanc.

Vins

La cave lyonnaise regorge de bouteilles : vins gouleyants ou beaujolais qui peuvent être ordinaires ou villages, ou encore crus classés (brouilly, chenas, chiroubles, côte-de-brouilly, fleurie, juliénas, morgon, moulin-à-vent, saint-amour et régnié), vins de bonne humeur, mais aussi grands vins produits au sud du département du Rhône : condrieu et château-grillet en blanc, et côte-rôtie en rouge, particulièrement racés.

SAVOIE

Occupant la partie septentrionale du massif alpin, la Savoie a une cuisine de montagne, rustique, induite par des mœurs pastorales et un climat rigoureux. C'est le rythme des saisons qui commande ici l'agriculture et l'élevage dans les alpages, la vie étant nécessairement recluse pendant les mois d'hiver et de neige. Cependant, l'économie rurale a quelque peu été modifiée au cours du dernier demi-siècle par la naissance du tourisme hivernal, qui, et ce n'est pas le moindre de ses paradoxes, finit par faire reculer la production de ressources naturelles en altitude (il y a de moins en moins de bergers pour mener la transhumance), alors que les vallées voient au contraire fleurir de plus en plus de restaurants à vocation gastronomique.

Plats

La soupe a ici une importance capitale, car elle fait encore souvent office de plat unique les soirs d'hiver, comme autrefois (soupe aux pois cassés et au jambon cru, soupe aux fèves et au lard, soupe aux poireaux, à la citrouille, aux châtaignes, aux orties, à l'oseille).
Le pain occupant une place privilégiée, les céréales sont cultivées dans les plaines et permettent la fabrication de vrais gros pains rustiques. Mais outre le blé, avec lequel on fait aussi des nouilles de ménage, des taillerins, des vermicelles et des fidés, on cultive également le maïs dont on tire une farine et une semoule très appréciées (soupe à la farine jaune, polente). Dans ce pays de petites rivières, de torrents, de ruisseaux et de lacs (Léman, Annecy, Le Bourget, Aiguebelette), les poissons d'eau douce sont abondants : truites et truites saumonées (au bleu, au vin blanc, à la crème), perches (frites, au vin rouge et aux champignons), lavarets (meunière, à l'oseille, aux câpres), ombles chevaliers (meunière, au beurre noisette), ombres, carpes, brochets, sandres, etc.
La viande rouge est rarissime en Savoie, mais on y aime le veau, quelquefois le chevreau, et surtout le porc, élevé dans les fermes isolées. En revanche, les forêts de montagne sont pourvoyeuses de gibiers, bien que beaucoup soient protégés : cailles (au genièvre), bartavelles, gélinottes (à la purée de myrtilles), lièvres (en civet, à la crème) et chamois.
Quelques légumes, pommes de terre surtout (farçons, matefaims, gratin savoyard, beignets à la chablaisienne), mais aussi blettes, cardons, épinards, oseille, herbes et choux.

Fromages & Desserts

Mais c'est surtout le lait des alpages — et donc les fromages et la crème — qui signe la cuisine savoyarde avec notamment le beaufort, la tomme de Savoie ou tomme grise, la tomme blanche et le reblochon, que l'on retrouve dans bon nombre de plats (fondue savoyarde, tartiflette, omelette savoyarde aux pommes de terre et au fromage, croûtes au beaufort, friands au beaufort, croquignoles).
À base de fruits sauvages, myrtilles surtout (tarte aux myrtilles) et de miel (fleurs d'acacia), les desserts ressemblent presque à des friandises. Citons le biscuit de Savoie, créé à la cour du même nom.
Quant aux vins, on remarque surtout des blancs (parmi lesquels quelques vins pétillants), provenant de vignobles très dispersés : roussette, chignin, seyssel et crépy notamment. Et bien sûr, des eaux minérales réputées.

Dauphiné

Sans véritable unité géographique, puisque composé à l'est des massifs méridionaux de la chaîne des Alpes (Oisans, Vercors, Diois, Champsaur, Gapençais, Embrunais, Briançonnais et Queyras), au nord-ouest et à l'ouest de la queue du sillon rhodanien et de la vallée du Rhône, dont les versants abrupts sont chargés de vignobles, et au sud enfin, de la grande plaine du Rhône où les paysages et les cultures annoncent déjà la Provence, le Dauphiné se ressent également de cette diversité dans sa cuisine. Ainsi, si les zones montagneuses ont, à quelques exceptions près, une cuisine proche de la cuisine savoyarde — puisqu'elle est aussi rythmée par les mœurs pastorales —, la Drôme, quant à elle, intègre déjà les parfums méridionaux de l'ail, de la tomate et de l'huile d'olive.

Plats

Peu amateur de soupe, le Dauphinois se contente souvent d'un bouillon de veau, avec ou sans jarret... mais presque toujours avec du fromage et du pain.

Les bovins sont plutôt élevés pour leur lait, néanmoins on trouve du bœuf (grillade dauphinoise, tournedos dauphinois aux mousserons) et du veau (côtes de veau « à la marmotte », c'est-à-dire piquées de lard et d'anchois) à l'étal du boucher. On y trouve aussi des agneaux du Vercors et du Tricastin (carré aux pommes de terre, épaule roulée, blanquette d'agneau de lait) et des porcins, élevés tant pour la charcuterie (cochonnailles de Meyzieu, sabodet ou saucisson de couennes, jambon cru d'Orcières etc.) que pour la cuisine (boudins à la crème, caillettes dauphinoises aux feuilles de bette, jambonneau aux farcis, rissoles dauphinoises, etc.).

La région produit également de belles volailles, comme les dindons de Crémieu, les pintades et les pintadeaux de la Drôme (bénéficiant d'une AOC), et les poussins dauphinois (espèce naine). On y prépare le poulet à la crème et à l'estragon, aux gousses d'ail et au vin blanc, aux écrevisses, et le pintadeau farci, aux girolles.

Amateur de légumes, le Dauphinois prépare à merveille les gratins, le plus connu étant le gratin dauphinois, aux pommes de terre (sans fromage). Mais il y a aussi le gratin de potiron, le gratin de cardons en sauce blanche, le gratin de côtes de bette, le gratin de pommes de terre et de cèpes, le gratin de morilles, et bien d'autres. Enfin, on apprécie aussi en garniture les pâtes et les farinages : crozets, ravioles de Royans, ganèfles de l'Oisans, gandéros du Champsaur et praites (sorte de petits gnocchis) du bas Dauphiné.

Fromages & Desserts

Pour le fromage, le Dauphiné peut assumer avec fierté la paternité du saint-marcellin et du saint-félicien, escortés par le moins connu bleu de Sassenage. Le chapitre des desserts fait la part belle aux noix de Grenoble (récoltées dans le Gévaudan), mais on produit aussi des fruits dans les vergers de la plaine de Valence et des Baronnies. Parmi les pâtisseries, citons la pogne de Romans et la brioche de Saint-Génix et comme friandise le célèbre nougat de Montélimar. Quant à la cave, elle est plus qu'honorable puisque proposant les beaux crus d'hermitage et de crozes-hermitage (en blanc et en rouge), ainsi que la clairette de Die, agréable vin mousseux.

Aquitaine

(Bordelais, landes de Gascogne)

Région particulièrement privilégiée puisque portant le plus grand vignoble du monde, l'Aquitaine s'inscrit approximativement dans un triangle dont la base coïncide avec le front de l'Atlantique, les côtés avec l'estuaire de la Gironde (dont une partie de sa rive nord) et l'Adour. Composé des départements de la Gironde et des Landes, son territoire est donc immense.
Ses paysages se composent essentiellement de vignobles au nord, de la pignada (forêt de pins) landaise au sud, l'arrière-pays étant constitué d'un moutonnement de douces collines et de vallées prospères, et la côte d'une succession de plages touristiques s'égrenant entre Lacanau et Vieux-Boucau.

Bordeaux

Nichée au fond de l'estuaire de la Gironde, enchâssée dans 109 000 ha de vignes, Bordeaux a su, pour élaborer sa cuisine, drainer vers elle toutes les richesses des provinces voisines, voire des pays étrangers comme la Hollande (dont elle a adopté les fromages) puisqu'elle a longtemps été port de grand trafic, notamment au XVIIIe siècle.
Elle a cependant — outre ses vins — ses propres productions agroalimentaires, notamment l'ostréiculture (petites huîtres plates dites gravettes) et la pisciculture du bassin d'Arcachon, les pibales, aloses et lamproies de Gironde, les élevages réputés de bœufs de Bazas et de Lormont, et celle des fraises de Pessac.

Plats

Assez embourgeoisée — il n'est point ici de grosse soupe paysanne, ni de potée, ni de charcuteries rabelaisiennes —, la cuisine bordelaise se caractérise par des préparations plutôt raffinées, sans aucune rusticité.
Ainsi, on aime les huîtres — dégustées ici avec des crépinettes truffées ou des petites saucisses —, les poissons préparés avec recherche (pibales sautées, lamproie à la bordelaise au vin et aux poireaux, alose à l'oseille grillée aux sarments de vigne), les escargots des vignes au jambon cru à la Caudéran, les viandes goûteuses et délicates (entrecôte grillée bordelaise, gigot pané) accompagnées de sauces plus ou moins élaborées, voire de moelle de bœuf (sauce bordelaise).
On apprécie aussi les foies gras et les gibiers des Landes (ortolans, bécasses, palombes), et presque immodérément les champignons, particulièrement les cèpes, qu'on prépare à la bordelaise avec échalote, ail, mie de pain et persil.
Décidément délicat, le palais des Bordelais apprécie les desserts tout en finesse : macarons de Saint-Émilion et petits cannelés bordelais, ces derniers n'étant en fait — à y bien regarder — qu'une version pâtissière plus élaborée du populaire millias girondin.

Vins

Quand à la somptueuse cave bordelaise, il est évidemment impossible d'en mentionner ici tous les crus, ni de faire l'inventaire complet de tous les « châteaux » classés. Disons tout simplement qu'on peut ranger très sommairement les vins de Bordeaux en trois catégories : les blancs doux (sauternes, barzac) les blancs secs (graves), et les rouges (médoc, haut-médoc, pomerol, saint-émilion et graves).

Landes de Gascogne

Mais l'Aquitaine, ce sont aussi les Landes de Gascogne, à la cuisine plus charpentée, plus proche de ses racines.

Plats

On aime ici les soupes légères et vite faites que sont les tourins (à l'ail, à la tomate, à l'oignon, à l'oseille, aux œufs pochés), mais aussi la plantureuse garbure (empruntée au Béarn), et les soupes de volaille... car il faut bien utiliser les carcasses et les abattis des volailles engraissées pour les foies et les confits !

L'Atlantique, les étangs landais et les rivières intérieures sont prodigues en poissons, aloses (grillées), saumons (grillés ou au four), lamproies (en pourrade, au vin rouge, aux pruneaux et aux pignons) de l'Adour, anguilles (en civet, en matelote ou en persillade), muges (mulets) et « loubines » (variété de bar), sans oublier les truites d'élevage. À ces poissons d'eau douce il faut ajouter quelques recettes de morue, souvenir du temps où le pêcheurs partaient de Capbreton vers Terre-Neuve.

Viandes

Dans ce pays de volailles, la viande n'est pas vraiment rentrée dans les mœurs : le bœuf y est préparé bouilli dans la soupe, accompagné d'une sauce tomate, ou alors en daube, le jarret de veau est lui aussi bouilli dans la soupe et l'agneau ne s'y déguste qu'anecdotiquement. En revanche, on aime le porc, un peu pour sa charcuterie (boudin landais, jambon), mais surtout pour sa ventrêche (lard de poitrine roulé), son « goula » (gorge), qui entre dans la préparation des pâtés, et ses « coustous » (travers de porc) que l'on mange grillés. On apprécie aussi les abats, notamment les ris de veau (à la landaise) et le gras-double (à la dacquoise).

Mais le véritable régal du Landais, ce sont les volailles, tout particulièrement les palmipèdes engraissés, le canard et l'oie. C'est donc d'une débauche de foies gras, de confits, de magrets, de gésiers, de cœurs (grillés), et même de langues (grillées) dont on se gave ici, sans oublier les « chichons » ou « graisserons » (résidus grillés du confit).

Cependant, toutes les volailles ne passent pas par l'entonnoir du gavage. Le poulet jaune des Landes s'est taillé un joli succès. Quant à la poule, elle se farcit pour la soupe et se sert avec une sauce tomate. Le Landais se régale encore de « sanquette » (sang de volaille cuit à la poêle avec jambon, oignons et persil), et même — autrefois — d'« abignades » (hachis de boyaux de canard ou d'oie).

Le gibier est l'autre passion du Landais, on est ici véritablement fou de palombes (en salmis), et l'on se régale encore, quoique plus discrètement, de bécasses et d'ortolans.

En revanche, les légumes sont peu appréciés, à l'exception des asperges blanches du Tursan, des oignons, des piments doux de Chalosse, des haricots blancs, et d'un peu de citrouille. On leur préfère de loin la « cruchade landaise » (bouillie de maïs), qui trempe si bien la sauce, et bien sûr les cèpes et les cèpes « bleus » (cèpes des pins). Point de fromages et quelques desserts : merveilles landaises, pastis bourrit (sorte de brioche), et tourtière landaise.

Peu de vins locaux, à part le tursan, mais on puise allègrement chez les voisins pour la dégustation : madiran et pacherenc en Béarn, jurançon au Pays basque... et bien sûr bordeaux.

N'oublions pas que la partie orientale des Landes s'enorgueillit d'une des trois aires de production d'armagnac — la plus réputée ou bas Armagnac —, eau-de-vie de grand prestige.

Béarn et Pays basque

Béarn et Pays basque sont indissociablement liés et forment une région petite par la surface mais à la culture très riche et à l'identité très forte, ce qui se retrouve également dans sa cuisine, chaleureuse et typée.

Plats

Basques et Béarnais sont amateurs de soupes qui sont de trois types : vite faites et légères à partir d'un seul légume ou d'une association d'ingrédients peu compliquée : cousinète (soupe de verdure à la mauve des jardins), ouliats ou tourris (à l'ail, à l'oignon, à la tomate, etc.), soupes aux broutes (pousses de chou) ; soupes copieuses et conviviales jouant les plats uniques : garbure béarnaise et poule au pot dite Henri-IV ; ou soupes de poissons sur la côte basque : ttoro, soupe basque au merlu, soupe biarrotte aux poissons maigres.

Les Basques apprécient beaucoup le thon (aux oignons) de Saint-Jean-de-Luz, le merlu (koskera), les chipirons (calmars) *in su tinta* (à l'encre), les pibales (sautées au piment), et bien sûr la morue (à la biscayenne, aux haricots, aux poireaux), tandis que dans l'arrière-pays on se régale plutôt des truites des gaves (à la paloise), de saumons de Navarrenx (braisés au Jurançon) et de pesquits (vairons).

Les Béarnais préfèrent quant à eux les charcuteries, à commencer par le jambon de Bayonne (encore meilleur quand il est de Peyrehorade !), le boudin, le saucisson et l'andouille d'Oloron, la langue fumée de Bayonne...

Les abats sont très prisés, en Béarn comme au Pays basque : tripes de veau à la paloise, tripotcha (boudin de tripes de veau), ragoût de langues de mouton au vin blanc, ris de veau à la paloise, etc. Notons le poulet basquaise (aux oignons, à la tomate et aux piments verts de pays), la poule au pot béarnaise, le canard au jurançon ou à la béarnaise (farci de veau et de jambon). Le gibier a une place privilégiée : grives à la paloise (en feuille de vigne), perdrix farcies au foie gras, palombes (en salmis), lièvre à la béarnaise (en civet au madiran et au jambon cru).

Le jardin potager fournit des légumes pour la soupe, mais, à part les oignons, les poivrons et la tomate, qui égaient la cuisine basque, on en consomme peu. Signalons tout de même les piments, qu'ils soient verts et doux ou d'Espelette, un peu plus gros, rouges et forts. On préfère accompagner les viandes de céréales : escoton (bouillie de maïs) pour le Béarnais, et riz pour le Basque (à la gachucha).

Fromages & Desserts

Les fromages sont peu nombreux et de brebis, parmi lesquels le brebis des Pyrénées ossau-iraty, qu'on déguste avec la confiture de cerises noires d'Itxassou. Cerises qui fourrent le gâteau basque (quand ce n'est pas la crème pâtissière), tandis que la rousquille d'Oloron se parfume au citron, le garfou béarnais à la fleur d'oranger, et que le biste-heyt (tôt-fait) s'agrémente ou non de pignons.

Côte cave, signalons les petits vins d'Irouléguy en Pays basque, et en Béarn les vins de Jurançon (blancs secs ou moelleux), le pacherenc de Vic-Bilh (sec ou moelleux) et le madiran (rouge). Citons enfin l'izarra (étoile), liqueur jaune (32 plantes) ou verte (48 plantes).

Périgord, Quercy, Agenais

Ces trois anciennes provinces forment une région culinaire assez homogène, malgré des disparités géographiques évidentes. Ainsi, le Périgord, au si prestigieux passé préhistorique, a-t-il une campagne harmonieuse aux paysages riants ponctués de forêts, de châteaux forts, d'églises romanes et de vieux villages pleins de charme. L'Agenais, quant à lui, s'apparente plutôt à la Gascogne (dans sa partie orientale) avec sa succession de collines et de coteaux qu'animent invariablement vieilles bastides, potagers et vergers. Plus sauvage et plus rude, le causse du Quercy se démarque de ses voisins par des paysages plus austères, en partie sculptés par les eaux (gouffres, rivières souterraines, grottes), mais d'une beauté grandiose ! Une même cuisine de caractère réunit pourtant les trois volets de ce triptyque.

Plats

Terre paysanne, donc terre de soupes : tourains à l'ail, à l'oseille, aux poireaux, panades, soupes de légumes, soupes aux châtaignes, au lait, à l'eau de boudin, au bouillon de poule, etc., sans oublier la tradition du chabrot — qui consiste à rincer son assiette avec une bonne giclée de vin rouge — ni les soupes-potées : pot-au-feu au jarret de veau, poule farcie à la farce blanche ou à la farce noire, sobronade à l'échine de porc, soupe aux miques (boulettes de farine de blé ou de maïs) ou au farci , soupe au confit d'oie, etc.

Exception faite des moutons des causses en Quercy, la viande de boucherie inspire assez peu de recettes, mais somptueuses : filet de bœuf sauce Périgueux (clouté de truffes si possible), manchons de bœuf quercinois (paupiettes farcies aux cèpes et aux truffes), gigot à la couronne d'ail... et comme partout la daube de bœuf, dite ici de la Saint-André.

Comme dans presque tout le Sud-Ouest, les volailles sont la gloire incontestée de la gastronomie locale : oies et canards surtout, et leurs corollaires, foies gras et confits ! Ici on raffole du gibier, à plume et à poil : perdreaux rôtis au verjus, bécasses au foie gras, pâtés et terrines de toutes sortes, lapin de garenne en civet, lièvre en cabessal, lièvre à la royale.

Les légumes garnissent abondamment la soupe, mais se plaisent également en garniture : le chou sert d'écrin à un farci de porc et de veau (porcellous), les pommes de terre se préparent à l'échirlète (cuites au bouillon avant d'être sautées), à la sarladaise, la salade s'assaisonne volontiers à l'huile de noix. Ils ont pour grand rivaux les champignons : cèpes surtout (farcis au jambon, en terrine), girolles et truffes, ces « diamants noirs » au prix désormais prohibitif !

Fromages & Desserts

Les fromages sont presque tous de chèvre, notamment les cabécous de Rocamadour, qui deviennent picadous quand on les conserve dans l'eau-de-vie de prune. Les desserts sont tous estampillés par le fruit local, le pruneau d'Agen : tartes, flaugnardes ou flans aux pruneaux, pruneaux fourrés, pruneaux à l'armagnac. Citons encore les noix du Périgord, et quelques desserts de grand-mère : crêpes à l'anis du Périgord, beignets de fleurs d'acacia, fouaces.

Midi-Pyrénée

(Lauragais, comté de Foix, Bigorre)

Cette région correspond au haut Languedoc ou Languedoc toulousain (haute Garonne, sud du Tarn-et-Garonne, Tarn), auquel il faut adjoindre le département du Gers (Armagnac) et le département des Hautes-Pyrénées (Bigorre), ce qui suppose une grande diversité de paysages, puisqu'elle couvre un territoire allant du sud du Massif central à la frontière espagnole, poussant même à l'ouest une corne en Gascogne avec le Gers. Région très hétérogène, donc, puisque les climats y sont différents mais qui, paradoxalement, présente une certaine homogénéité de cuisine, comme s'il s'agissait d'un patchwork tout en camaïeu, variant d'une nuance seulement d'un morceau à l'autre.

Plats

Ici encore on aime les soupes, des plus simples (aïgo boulido, tourains, ouillades, soupe ariègeoise à la rouzole) aux plus compliquées (poule au pot à la toulousaine, poule farcie des comminges, pot-au-feu albigeois, etc.).
En revanche, le poisson est carrément boudé. Il n'y a guère que dans les Pyrénées qu'on mange les truites des gaves (au bleu, aux épinards, aux oignons, au vin rouge), l'arrière-pays se contentant souvent de morue (aux pommes de terre, aux poireaux, aux haricots, aux noix, à l'ail et au lait). La charcuterie quant à elle s'enorgueillit de nombreuses spécialités : saucisse fraîche de Toulouse, saucisse mi-sèche à l'huile, saucisson de Lacaune, saucisson de couenne ou coudenat, jambon sec de Lacaune, foie sec de porc salé (fetge), coustelous (travers) et combayou (jarret) de porc salé de Saint-Gaudens, etc. Les viandes de boucherie sont diversement appréciées, mais bovins de la race blonde d'Aquitaine (dans de Gers) et agneaux fermiers « sous la mère » ne manque pas d'adeptes. Les abats sont très prisés : gras-double au safran à l'albigeoise, pétéram de Luchon, tripes en sauce blanche du Couserans.
Mais la vedette revient sans conteste aux volailles, à commencer par l'oie, souvent préférée au canard pour les foies et les confits. On se régale aussi de chapons, de poules, de poulettes, de cailles, de pigeons sans oublier le gibier à plume, les lapins de clapier, les garennes et les lièvres.
Dans l'ensemble, les légumes se font discrets, exception faite des haricots blancs (petits cocos de Pamiers ou gros tarbais), souvent servis en garniture, mais surtout ingrédient de base des plats phares de la région : le cassoulet toulousain, abondamment garni de couennes, d'épaule de mouton, de coustelous, de jambon cru, de confit d'oie et de saucisse de Toulouse ! Les champignons — et tout particulièrement les cèpes — sont également bien cotés.

Fromages & Desserts

Parmi les fromages — peu nombreux — citons seulement le bethmale (vache) d'Ariège, et, çà et là, quelques fromages de chèvre. Gâteaux de ménage au maïs, à la courge, à la fleur d'oranger et/ou au zeste de citron terminent le repas : milias, milliassons, crêpes, beignets, etc. Peu ou pas de vins, sauf en Armagnac, où l'on produit certes la prestigieuse eau-de-vie du même nom, mais encore pacherenc (blanc) et madiran (rouge) dans le sud du Gers.

Languedoc - Roussillon

Le bas Languedoc et le Roussillon circonscrivent le golfe du Lion, de la frontière espagnole au couloir rhodanien. Région de plaines encadrée de montagnes ou de causses qui surplombent la mer tel un vaste amphithéâtre s'étageant tour à tour en vallées fertiles ou en coteaux rocailleux portant des vignobles, elle se compose des départements des Pyrénées-Orientales, de l'Aude, de l'Hérault et du Gard. De tout temps voie de passage et de négoce, mais aussi trait d'union entre le Nord et le Sud, elle fut voie domitienne à l'époque romaine, puis celle qui mena les pèlerins vers Saint-Jacques-de-Compostelle avant d'être marquée au fer rouge par les persécutions contre les cathares, puis contre les huguenots. Son climat chaud et ensoleillé favorise son agriculture, mais aussi le tourisme — de loisirs sur la Côte vermeille, et culturel dans un arrière-pays ponctué d'églises romanes, de forteresses médiévales et de châteaux cathares.

Plats

Avant tout maritime, la région est prodigue en poissons et fruits de mer. On y aime les sardines, les anchois frais ou salés (anchoyade, feuilletés de Collioure), les petits poissons de roche, le thon rouge (fricandeau de thon à la catalane, tripes de thon), la baudroie (gigot de lotte à la palavasienne), les clovisses (en soupe, à la biterroise), les poulpes (en tielle, en pinyata), les seiches, les huîtres de l'étang de Thau, les moules de Bouzigues, les petits crabes ou favouilles (en soupe), les langoustes et, comme toujours, la morue. On retrouve ces poissons, mélangés ou non, dans diverses soupes faisant office de plats uniques : bullinada (poissons de roche aux pommes de terre et au safran), la bouillabaisse de morue, la bouillabaisse palavasienne, la bourride agathoise à la baudroie, et la plus connue bourride sétoise à l'aïoli. On raffole des escargots, qu'on accommode aux oignons, au jambon, au vin blanc, au lard, à la tomate, à l'aïoli, etc., selon un grand nombre de recettes locales. Le mouton et l'agneau sont ici rois : pistache de mouton (au vin blanc et jambon), épaule de mouton aux câpres, gigot à l'ail, pot-au-feu de Carcassonne au mouton, et bien sûr cassoulet de Carcassonne, qui le dispute à celui de Castelnaudary. La volaille la plus estimée est le pigeon (en croustade, en cocotte à la catalane), le reste de la basse-cour cédant la pas au lapin et au gibier : grives à la cévenole, cailles à la sauge, lapin à la sétoise, lièvre de Tantavel. Un seul fromage (de brebis) : le pélardon, du miel et beaucoup de fruits. Mais assez peu de pâtisseries : soupirs-de-nonne, bras-de-Vénus (ou de gitane), chichis à la crème, oreillettes de Montpellier...

Enfin, nous sommes ici dans la plus grande région vinicole de France. Il y a donc abondance de petits vins : tavel (seul terroir qui ne produise que du rosé), chusclan, lirac, costières-du gard, picpoul de Pinet, minervois, corbières, fitou, sans oublier la clairette du Languedoc et la blanquette de Limoux, ni une belle production de vins doux naturels : muscats de Frontignan, lunel, mireval, banyuls, maury, rivesaltes et muscat de rivesaltes.

Provence

S'étendant des Préalpes aux rivages méditerranéens, la Provence est une province qui a autant d'accent et de soleil dans sa cuisine que dans ses paysages. Car ici tout est gai et coloré, à commencer par les marchés. Et si la Côte d'Azur s'est par trop civilisée —avec tout ce que cela comporte de péjoratif et de béton — et que calanques et cabanons ne sont plus tout à fait ce qu'ils étaient à force d'être envahis, non seulement par les touristes, mais aussi par les fast-foods, l'arrière-pays reste quant à lui bien joli avec ses villages haut perchés, ses paysages d'aquarelle, ses ocres et ses garrigues, ses vignes et ses champs d'oliviers !

Plats

Terre aux maigres ressources, mais fécondée par la mer, la Provence a su tirer parti de produits simples et naturels, et a su rendre gourmande une cuisine plus frugale qu'il n'y paraît au premier abord. Cuisine d'associations plus que de transformation, elle fait appel au bon sens et manie avant tout les parfums, les saveurs et les couleurs. C'est sans doute ce qui fait son charme et la rend si savoureuse, car, authentique et subtile à la fois, elle nous parle vrai !

Caractérisée par ses herbes aromatiques qui, lorsqu'elles sont fraîchement cueillies, n'ont rien à voir avec le « foin » proposé un peu partout sous le nom d'herbes de Provence, cette région aime les soupes de légumes toutes simples mais où les parfums s'additionnent au lieu de s'annuler, comme dans la plus représentative d'entre elles : la soupe au pistou.

Elle aime aussi les soupes de poissons parmi lesquelles la fameuse bouillabaisse de Marseille, si souvent et si mal imitée. Mais il existe beaucoup d'autres formules, comme celle de Martigues où l'on ajoute des seiches.

Poissons

L'éventail des poissons et fruits de mer est particulièrement somptueux : anchois qu'on retrouve dans de multiples recettes (salade à l'antiboise, omelette à la martégale, anchoïade, tapenade aux câpres et aux olives), sardines (farcies aux épinards, en escabèche), loups (grillés au fenouil), poulpes (à la mose de Sanary), esquinados (araignées de mer), langoustes, petits poissons divers. À ces poissons il faut ajouter les anguilles, seule espèce d'eau douce qui a l'heur de plaire aux Provençaux.

Et enfin la morue, qui trouve l'un de ses meilleurs emplois dans la somptueuse recette qu'est le grand aïoli : de la morue pochée servie entourée d'escargots cuits au vin blanc, de petits poulpes, d'œufs durs et d'une farandole de légumes frais (pommes de terre, carottes, haricots verts, etc.). Le tout accompagné d'un véritable aïoli (et non pas d'une mayonnaise à l'ail !). Aucune autre recette — à part peut-être la ratatouille si elle est faite dans la tradition — ne définit mieux l'esprit de la cuisine provencale, qui assemble ses différentes ressources en les sublimant.

Viandes

À l'étal du boucher, la viande rouge est destinée à la daube ou à l'estouffade, mais les agneaux (de la Crau, des Préalpes, des Alpilles ou de Sisteron) sont remarquables. À noter aussi quelques spécialités d'abats

comme les réputés « pieds et paquets » marseillais.
Beaucoup de légumes du soleil comme il se doit, dont on respecte toujours la saveur originelle par des modes de cuisson appropriés.
Citons celle qui synthétise le mieux la patte provencale, à savoir la ratatouille, qui ne mérite ce nom que si chaque légume a été cuit séparement avant d'être réuni aux autres.
Quelques fromages seulement sur le plateau provencal : banin (de brebis en hiver et de chèvre au printemps), qui peut être trempé dans l'eau-de-vie et enveloppé d'une feuille de châtaignier, ou encore roulé dans la sarriette, et picodons.

Fromages & Desserts

Au chapitre des desserts, il faut plutôt parler de fruits (qui sont pléthore) et de douceurs que de véritables pâtisseries : confitures, fruits secs, fruits confits, nougats, fouaces, etc., desserts qui doivent être traditionnellement au nombre de treize sur la table de Noël.
Quant à la cave, elle renferme une longue théorie des côtes-du-rhône (châteauneuf-du-pape, gigondas, vacqueyras, etc.) ainsi que cassis, bandol et vins de palette, sans oublier les nombreux vins de pays, ni le muscat de Beaumes-de-Venise ou le vin cuit de Carthagène.

Comté de Nice
Une place spéciale doit enfin être accordée à la cuisine du comté de Nice, qui conjugue à la fois patrimoine provençal et patrimoine ligurien puisque ses racines puisent tout autant des deux côtés de la frontière.
Cuisine de caractère essentiellement à base de légumes (blettes, courgettes, oignons, épinards, féves...), mais tomate mise à part, celle-ci servant plutôt de liant, de sauce ou de condiment, combinée ou non à l'ail, aux anchois, aux herbes, au parmesan et à l'huile d'olive !

Plats

Ces légumes se préparent en tians (le tian étant le plat à four ayant donné son nom à la préparation), en farcis, en ratatouille, en omelette avec des herbes (truchia), en soupe (au pistou), en bouillie (socca de pois chiches), en pâte (raviolis de courges ou de blettes), en tarte (pissaladière aux oignons), en salade (salade nicoise), et même en dessert (tourte de blettes aux raisins et aux pignons) !
Cuisine également à base de riz, de pâtes, de farinages, mais surtout de sauces : coulis de tomates, bagna cauda, (sauce chaude aux anchois dans laquelle on trempe des légumes crus), anchoïade (sauce aux anchois, câpres, ail, jaunes d'œufs et huile), sauce piquante (aux anchois relevés de vinaigre, de câpres, de cornichons et de piment) et bien sûr au pistou (basilic écrasé en pommade avec ail, huile d'olive er parmesan) pour parfumer la soupe de légumes.
Parmi les poissons, le Niçois vénère tout particulièrement les nonats et la poutine (alevins de petits poissons), la sardine, l'anchois et le stockfish, qu'il prépare en estoficada, aux pommes de terre et aux olives.

Fromages & Desserts

Ni fromages ni desserts à part la tourte de blettes et quelques friandises pour honorer les fêtes calendaires (pain de Noël). Et enfin, un seul vin, mais rarissime et somptueux : le bellet, récolté en très petite quantité sur les hauteurs de Nice.

Corse

Ancrée dans le golfe de Gênes à 170 km des côtes françaises, en plein cœur de la Méditerranée, la Corse n'est pas seulement une île mais une véritable montagne dans la mer (de nombreux sommets dépassent 2 000 m) Son relief escarpé tout hérissé de pics, de colonnes et de rochers qui surplombent de nombreuses gorges où se faufilent une multitude d'eaux vives lui confère une beauté âpre et sauvage, à peine adoucie par une végétation de maquis dense et touffue qui devient parfois épaisse toison de forêts profondes et giboyeuses.
Cette géographie explosive, encore renforcée par une histoire mouvementée — car souvent menacée d'invasions — explique sans doute que la Corse se soit repliée sur elle-même autant par nécessité que par stratégie, exacerbant le tempérament fier et farouche du Corse...mais préservant du même coup ses mœurs et sa cuisine, restée imperméable à toute influence !

Plats

En effet, la cuisine corse s'explique presque de visu, en regardant ses paysages. Car une telle configuration ne peut qu'induire nécessairement une économie agropastorale de type familial, encore proche de la cueillette et de la chasse.
Comme dans tous les pays pauvres, la soupe a beaucoup d'importance. Elle se prépare aux légumes (cultivés dans le jardin familial), parfois agrémentée d'un morceau de lard de poitrine (panzetta) ou de fromage de brebis frais (brocciu). Haricots rouges, pois chiches, châtaignes et riz complètent souvent les légumes dits verts, et les herbes des maquis les parfument tout en leur dispensant leurs vertus curatives. Paradoxalement, bien que la mer soit à portée de main, on ne mange pratiquement pas de poisson, exception faite de la morue, de quelques soupes (l'aziminu) et de quelques plats de pêcheurs (anchois au brocciu en tourte, encornets, poulpe). C'est que, les Corses ayant toujours dû défendre leur terre, ils ne sont pas marins.

Viandes

En revanche, on apprécie beaucoup la charcuterie en Corse, préparée avec des porcs à demi-sauvages, nourris de châtaignes et de glands (boudins, saucisses, jambons, filet, coppa, lard de poitrine, etc.). Le bœuf est inconnu ici (on ne pourrait pas l'y élever), mais cabri (chevreau) et mouton fournissent l'ordinaire. On les grille, les rôtit, les braise avec des oignons, des tomates, du vin rouge et des zestes d'orange. On se régale aussi avec la fressure et les tripes. La basse-cour familiale fournit quelques poulets, mais c'est surtout le gibier — viande d'appoint particulièrement intéressante — qui régale le plus le Corse : oiseaux divers avec une forte préférence pour le merle, lapins et sangliers retranchés dans les forêts de l'île. Gibier à plume et à poil servent également à préparer d'excellents pâtés et terrines.
Les fromages sont fabriqués à partir de lait de brebis ou de lait de chèvre : brocciu frais ou sec, mais aussi niolo et roquefort corse. Les pâtisseries sont rustiques, à base de fromage frais (fiadone, beignets au brocciu) ou à base de farine de châtaigne. Âpres et vigoureux (parfaits pour les civets), les vins corses vieillissent plutôt bien (patrimonio, ajaccio).

CRÉDITS PHOTOGRAPHIQUES

Louis Napoléon BONAPARTE
ROGER-VIOLLET

Adolphe THIERS
Coll. VIOLLET

Jules GRÉVY
HARLINGUE - VIOLLET

Patrice de MAC-MAHON
Coll. G. SIROT

Sadi CARNOT
Coll. VIOLLET

Jean CASIMIR-PERIER
Coll. VIOLLET

Félix FAURE
HARLINGUE - VIOLLET

Émile LOUBET
Coll. VIOLLET

Émile LOUBET
Coll. VIOLLET

Armand FALLIÈRES
Coll. VIOLLET

Raymond POINCARÉ
MARTINIE - VIOLLET

Paul DESCHANEL
HARLINGUE - VIOLLET

Alexandre MILLERAND
Coll. VIOLLET

Gaston DOUMERGUE
Coll. VIOLLET

Paul DOUMER
HARLINGUE - VIOLLET

Albert LEBRUN
BOYER - VIOLLET

Philippe PÉTAIN
Coll. VIOLLET

Charles de GAULLE
Coll. VIOLLET

Félix GOUIN
HARLINGUE - VIOLLET

Léon BLUM
ROGER-VIOLLET

Georges BIDAULT
LAPI - VIOLLET

Vincent AURIOL
MARTINIE - VIOLLET

René COTY
ROGER-VIOLLET

Charles de GAULLE
ROGER-VIOLLET

Georges POMPIDOU
LIPNITZKI - VIOLLET

Valéry GISCARD D'ESTAING
GAMMA/M.L. de Decker

François MITTERRAND
GAMMA/P. Piel

Jacques CHIRAC
GAMMA/F. Apesteguy

CURIOSITÉS ET FANTAISIES DE LA FRANCE
publié par Sélection du Reader's Digest

Impression et reliure : Brepols, Turnhout

PREMIÈRE ÉDITION
Achevé d'imprimer : novembre 1996
Dépôt légal en France : décembre 1996
Dépôt légal en Belgique : D. 1996-0621-170

Imprimé en Belgique
Printed in Belgium